YIBENSHUDUDONG
SHANGYECHANGSHI

董智轩◎编著

一本书读懂
商业常识

中国商业出版社

图书在版编目（CIP）数据

一本书读懂商业常识 / 董智轩编著 . —北京：中国商业出版社，2014.5

ISBN 978-7-5044-8422-2

Ⅰ. ①一… Ⅱ. ①董… Ⅲ. ①商业经营－基本知识 Ⅳ. ①F715

中国版本图书馆 CIP 数据核字（2014）第 055237 号

责任编辑：朱丽丽

中国商业出版社出版发行
010-63180647 www.c-cbook.com
（100053 北京广安门内报国寺 1 号）
新华书店总店北京发行所经销
三河市龙大印装有限公司
*
710×1000 毫米 16 开 14 印张 168 千字
2014 年 6 月第 1 版 2014 年 6 月第 1 次印刷
定价：32.00 元
* * * *
（如有印装质量问题可更换）

>> preface 前言

柳传志有句话很经典：做企业要有理想，但不能理想化。所谓“有理想”是指做企业不能没有理想，没有希望；所谓“不理想化”则是指不要以想象代替现实，只凭理想和意气去做，往往会招致失败。尤其是在这个开放、自由、文化交流活跃、商业氛围浓郁的时代，这个意义更加重大。

虽然我们也会说不必害怕失败，失败并非一无是处，从失败中得到的教训可能受益一生。但失败毕竟不是好事，尤其是在做企业时，很多时候为失败所支付的“学费”会让我们承担不起。那么，为什么我们不从成功中得到教益，让“教育成本”更低一些呢？

因此，掌握一些商业常识就成为了必要。试想，一个人不懂商业模式知识，怎么能构架起具有独特核心竞争力的运营系统；一个人不懂管理知识，怎么能打造出一个坚强高效的团队；一个人不懂市场营销知识，怎么能在竞争激烈的商场中站稳脚跟；一个人不懂财务知识，怎么能实现企业的利润最大化……虽说这些知识不能保证你创业一定成功，事实上，也没有任何东西可以保证——但我们有理由相信，对这些商业常识的掌握，一定可以将你创业的风险降至最低。

《一本书读懂商业常识》的诞生也正是基于此。本书不会给你高深的大理论，它只是在总结前人实践经验的基础上，从我们创业起步出发，提炼出与我们经营企业息息相关、不可分离的基础知识，让你一次性把商业读懂，一本书把创业看透，从而把企业做得风生水起。

这本通俗的商业知识读物，分上下两篇，即商业常识篇和商业实战篇，分别从商业知识、商业法则、商业错误、创业起步、内部管理、经营决策六个方面较为系统地阐述了商业的基本理论知识及其在创业、经营中的实际应用。在这里，相信每个创业者都能找到自己想要了解的知识，从而睿智、理性地做出决策，指导自己的商业行为，成就自己的丰功伟业！

>> Contents 目录

上篇　商业常识——揭开商业奥秘

第五章 内部管理

第六章 经营决策

上篇

商业常识——揭开商业奥秘

很多时候，失败的经验并不总是那么值钱，很多时候，省略学习和准备的过程，仅凭一腔热情，用“盲人骑瞎马”的方式做事，跌倒在前人一次次跌倒的地方，是一件很傻的事，收获的经验教训也不值得一提。为了让失败更少一些，为了让成功来得更快一些，在你进入商场之前，还是花一点时间，掌握一些必需的商业常识吧！

第一章　不得不解释的商业知识

市场趋势：商业运作离不开市场

市场，是买卖双方进行交易的场所，但它存在很多不确定性，让人难以把握。所以，在市场上有的人赚到了钱，有的人赔了钱，这两者之间的最大区别就在于谁更好地把握了市场趋势。

所谓市场趋势，指的就是市场当前及将来的态势。就像 30 年前下海做个体户，20 年前买原始股票，15 年前买房地产，10 年前做网络销售一样，可以说谁把握了市场趋势，谁就能在风云莫测的市场中立于不败之地，否则只能败下阵来。当然，这个趋势也是扬弃的过程，就像现在的个体户很难赚钱，股票灭顶之灾，房地产持续调控，网络销售压力山大，说明财富不会永远眷顾某一行业。

那么，如何才能准确把握市场趋势呢?

1. 一定要研究社会视点

对社会视点的研究，包括政治、经济、文化等各个方面，因为这些变化往往可影响市场变化，由此进一步引发市场上对某种产品的需求。有时候，对某产品的需求，一夜之间会急剧增加；有时候，会一下子烟消云散。例如：美国民主党总统候选人奥巴马赢得总统选举前后，众多枪械爱好者因担忧奥巴马未来执掌的政府可能限制一些攻击性枪械销售而在美国国内枪械店竞相采购，掀起了一股“购枪热”。若能及时敏锐地感受和把握到这种市场变化趋势，并能立即采取应变措施，使顾客由此而引发的需求得到满足，就会获益良多，在短期内收到立竿见影的效果。反之，如果市场上对某种产品需求的趋势已经出现衰退或正在迅速衰退，而自己对此却毫无察觉，则难免会首当其冲蒙受巨大损失。

而要想及时了解这种市场变化情况，或者说对市场变化保持敏锐的触觉，惟一的办法就是：做好经常性的市场调查研究。市场分析的一个重要内容就是市场调查，只有通过市场调查，才能得到来自市场的第一手的详实资料。大公司可以通过设置专职部门，负责进行此项工作。中小企业通常难以仿效他们的做法。但是，如果对其他途径和方法运用得当，同样会收到良好的效果。这些途径和方法有：经常订阅有关行业的各种期刊杂志；参加行会或其他专业性的社团组织；争取多参加某些贸易展销会等。同时，也要密切注意你所组织的各类营销业务活动的效果，洞悉变化情况，查明造成销售增长或销售衰退的原因。

2. 要及时捕捉市场机遇

市场机遇，也就是我们常说的商机，随着计划经济向市场经济过渡进程的发展，把握和利用市场机遇的能力，已成为企业及其经营者参与市场竞争的必要条件，以下原则和方法或许有益于我们把握市场机遇：

关注热门行业：热门行业都是新兴的朝阳产业，具有夕阳产业无法比拟的巨大的生产力，往往呈现出诱人的前景，如计算机业、房地产业、生物工程业等。其发展迅猛，机会多多。当然，同时，热门行业也就意味着竞争激烈，风险多。因此，作为创业者，在从业过程中，就必须有成功与失败两种思想准备。

寻找市场空白：在各个市场领域之间，或在一个市场领域内部，总是存在着各种各样的缝隙，寻找市场空白，填补经营缝隙的方法，成功率非常高。例如，在美国竞争激烈的空中航运市场上，美国西南航空公司就是采取在市场缝隙中求发展的策略，击败众多竞争对手而后来居上的。它专门寻找那些收费高、服务差的航空公司作为取代对象，常常开辟大公司弃之不用的小城市之间的航线。它不提供其他航空公司普遍提供的一些服务，如转运行李、供应膳食、预订机票、代理旅游业务等，但它所提供的服务却具有更高的价值，如航班多，服务好，票价低。

当然，在常盛不衰的行业中寻求市场机遇也是一种方法，如妇女用品、儿童用品、饮食行业、娱乐行业等。不过，其难度相对较大，要想从竞争对手手中抢到生意，必须具有高度的创造性、丰富的经验和广泛的社会关系。其实，市场机遇处处可见，重要的是你能抓住苗头，长于推理，由此及彼，由表及里，弄清其本质规律，最终必能如愿以偿。

3. 敏锐发现新的市场需求

现代生活方式的变化必然会产生新的市场需要，如果你能敏锐地发现那些新的市场需求，也就是比别人更快地发现了挣钱的着眼点。例如，用金钱购买时间，就是现代都市人的时髦选择，因此，围绕着快节奏生活需求的服务项目都大有文章可做。在吃的方面，必然要求快餐食品种类更多、数量更大、服务更好；在穿的方面，人们更偏爱随意、自然、舒适、简洁的服饰，在非正式场合较少穿着一本正经的西装；在住的方面，也有一些服务类项目可以进行，如家务钟点工、维修工、物业管理服务等；在用的方面，快递、上门装收垃圾、上门美容理发、看病治疗等项目日渐兴起；在行的方面，汽车出租业向乡村发展，围绕着交通和汽车用品市场开展生意，前景也非常广阔。

另外，随着人们生活水平的提高，享受生活的观念也产生了更多新的市场需求。例如，寄养宠物、照料花草等各种“代”服务正悄然升温。春节出行，如果没时间排长队买车票、机票，有人专门提供代购票的服务；节日亲友聚会，多喝了三五杯，“代驾”公司能帮你把车安全地开回家；一些长假赴外地探亲、旅游的年轻人，甚至希望房子有人“代住”，既照料家务，又防止小偷光顾。另外，围绕着人们对美的追求做文章，你也会发现市场潜力巨大，如美容院、健身房等，随着人们生活水平的提高，这方面的需求还会增加。

此外，要想准确把握市场趋势，你还必须要做一些分析和计划，例如，深入了解你准备进入的市场性质和特征，然后对照市场总体情况，找出自身独有的特殊情况等等。不过，一定要注意一个时间的问题，因为在瞬息万变的市场中，或许当你还在全面地研究一个机遇时，它已经不存在了。正确的方法是，用尽可能少的时间和资源来研究有价值的设想；只做必不可少的分析和计划，而不是期望尽善尽美；而且在必要时，根据直觉判断行事。这种方法往往更加经济、更加及时、更加有效。

商业模式：企业成败的决定因素

商业模式正得到越来越多的重视，正如德鲁克所指出的，当今企业之间的竞争，不是产品之间的竞争，而是商业模式之间的竞争。

那么，什么是商业模式呢？

商业模式，是企业家为实现客户价值最大化，把能使企业运行的内外各要素整合起来，形成一个完整的高效率的具有独特核心竞争力的运行系统，并通过最优实现形式满足客户需求、实现客户价值，同时使系统达成持续赢利目标的整体解决方案。一句话概括就是你准备怎么挣钱。

那么一个好的商业模式应该怎样架构呢？

一般来说，一个具有吸引力、成功的商业模式，通常需要具备某些能够创造价值与竞争优势的特点，而这些特点往往影响着企业的成功与否，也正是商业模式评价不可忽略的重要因素。包括：

1. 适用性——商业模式的首要前提

由于企业自身情况千差万别，市场环境变幻莫测，商业模式必须突出一个企业不同于其他企业的独特性。这种独特性表现在它怎样为自己的企业赢得顾客、吸引投资者和创造利润。严格地说，一个企业的商业模式应当仅适用于自己的企业，而不可能被其他企业原封不动地搬过去。模式没有好坏之分，只有是否适用的区别。适用的就是好的，适用较长久的就是最好的。

根据商业模式的定义，企业家在设计自己的商业模式时，需要考虑如下九个要素：

价值主张：即公司通过其产品和服务所能向消费者提供的价值。价值主张确认了公司对消费者的实用意义。

消费者目标群体：即公司所瞄准的消费者群体。这些群体具有某些共性，从而使公司能够（针对这些共性）创造价值。定义消费者群体的过程也被称为市场划分。

分销渠道：即公司用来接触消费者的各种途径。这里阐述了公司如何开拓市场。它涉及到公司的市场和分销策略。

客户关系：即公司同其消费者群体之间所建立的联系。我们所说的客户关系管理即与此相关。

价值配置：即资源和活动的配置。

核心能力：即公司执行其商业模式所需的能力和资格。

合作伙伴网络：即公司同其他公司之间为有效地提供价值并实现其商业化而形成的合作关系网络。这也描述了公司的商业联盟范围。

成本结构：即所使用的工具和方法的货币描述。

收入模型：即公司通过各种收入流来创造财富的途径。

2. 有效性——商业模式的关键要素

在经济全球化、信息化的今天，无论哪个行业或企业，都不可能有一个万能的、单一的、特定的商业模式，它应当是随着市场需要、产业环境、竞争形势的变化而不断调整的，以用来保证自己在各种条件下均产生优异的财务结果。因此，评价商业模式的好坏，最根本的一条在于它的有效性。有效的商业模式是企业在一定时期、一定条件下，能够选择为自己带来最佳效益的有效的盈利战略组合。

那么如何才能判断企业的商业模式是否合理有效呢？一般来说，成功的商业模式应该包括四个核心内容：

一是收入来源，即商业模式的收入从哪里来。

二是成本构成，即固定成本、可变成本、半可变成本。

三是所需投资额，其中现金流入有：吸收的投资、取得借款以及收到其他与经营活动有关的现金；现金流出有：偿还债务和利息、退还股本、支付股利、分配利润以及其他与筹资活动有关的现金。

四是综合评价，其结果可分为好、中、差。其中，好是建立在企业生产经营良性循环的基础上使现金能够正常流入企业，并且不存在较大的呆账、坏账、积压物资、闲置固定资产等不良资产（这里的较大一般定在企业资产总额5%以内），也不存在已到期未能偿还的债务。中是建立在企业生产经营良性循环的基础上使现金能够比较正常地流入企业，不存在大的呆账、坏账、积压物资、闲置固定资产等不良资产（一般定在企业资产总额的5%～20%之间），不存在相应的已到期未能偿还的债务；差是现金不能正常流入企业，企业负债率高，筹资工作遇到阻力，致使企业正常生产经营受到影响。

3. 前瞻性——商业模式的灵魂所在

商业模式是与企业的经营目的相联系的，一个好的商业模式要和企业比较高的目的相结合。商业模式实际上就是企业为达到自己的经营目的而选择的运营机制。企业以盈利为目的，它的运营机制必然突出确保其成功的独特能力和手段——吸引客户、雇员和投资者；在保证盈利的前提下向市场提供产品和服务。但是，仅仅如此是不够的，因为这只是商业模式的“现在式”，而商业模式的灵魂和活力则在于它的“将来式”，即前瞻性。也就是说，企业必须在动态的环境中保持自身商业模式的灵活反应、及时修正、快速进步和快速适应。商业模式必须具有长久的适用性和有效性，以达到持续盈利的目的。

而企业若想弄清楚自己是不是需要进行前瞻性的商业模式调整，惟一的方法就是对一种商业模式进行评估，看它是否能为企业带来新的商业机会（或是帮助企业摆脱威胁），之后将新模式和现有的模式进行对比。譬如宝洁公司的速易洁拖把，它虽然与传统的拖把有很大的区别，开拓了一个“颠覆性创新”的市场，但仍是基于宝洁公司已有的商业模式，以及其在家庭清洁用品领域的主导地位开发出来的。

因此，企业首先要做出判断，判断是机会还是威胁，判断企业现在的能力是否适应竞争环境。判断的前提是企业的实际情况，而不是与竞争对手进行对比之后判断到底是威胁还是机会。如果被看似有利可图的商业机会吸引，然后主动出击，但却启用了一个错误的商业模式，这是许多企业在转型的过程中寻求增长却最终失败的原因。然而反过来说，企业未能抓住商机，并且像宝洁公司一样运作速易洁拖把，而是恣意分裂企业的商业模式，那么这种做法无异于浪费金钱。尤其是市场低迷之时，企业可能会从此一蹶不振。这就意味着，如果新的商业机会需要采用一种新的商业模式：这种模式的利润空间较大，整体架构较小，或者它能在很大程度上提高企业的资源运行速度（提高资产进入商业系统运作的速度），那么企业就可以信心十足地设立一个独立的部门，按照新的商业模式运营。

4. 创新性——商业模式的生存之道

以前，因为所有公司的商业模式都大同小异，只要确定一个行业就知道自己该干什么了。但是今天，仅仅选择一个有利可图的行业是不够的，你需要设计一个具有竞争力的商业模式。此外，日益激烈的竞争和成功商业模式的快速复制迫使所有公司必须不断地进行商业模式创新以获得持续的竞争优势。作为一个公司，必须深入了解公司的商业模式和组成商业元素的不同元素之间的关系，才能在自己的商业模式被复制前重新审视并再次创新。

例如，当年大家都搞互联网的时候，只有搜狐、新浪等门户网站赚了大钱；等到大家都去搞门户网站的时候，互联网却遭遇寒冬，反而是做 B2B 的阿里巴巴赚钱了；等大家都去做电子商务的时候，没有想到出来个陈天桥，人家搞游戏发财了。新的商业模式不仅仅表现在 IT 行业，在其他的各个领域，也出现了新的商业模式，如家改变传统酒店模式，以连锁和简化酒店功能的新型商业模式，获得了商务人士的广泛推崇；分众传媒“发现”了楼宇广告，并且开创了户外媒介传播的新方式。可以说，每一种新的商业模式的出现，都意味着一种创新、一个新的商业机会的出现，谁能率先把握住这种商业机遇，谁就能在商业竞争中先拨头筹。

但同时，新的商业模式的出现，很大程度上对于未来有不可预知性。那些具有异常商业嗅觉的人，才能够把握商机，迅速崛起，这就是为什么新的商业模式往往由新势力创造，而非相近领域的传统强大势力所创造的原因。在日益激烈的竞争中，新的商业模式也会层出不穷，而这也正是商业社会的魅力之所在。也许某一天，从一个不知名的角落里，崛起一个巨大的商业帝国。

当然，一个成功的商业模式需要考虑的方面还有很多，这几条应该是最基本和最重要的。在实践中需要特别强调的一点就是，一个成功的商业模式既不是一蹴而就的，在实践中也不是一成不变的。一方面，它需要在实践中不断尝试、不断修正甚至是不断试错而变得日益完美；另一方面，一个已经十分完美成熟的商业模式也许会随着产业环境和竞争态势发生了变化而显得不再适应，因此需要进行新的设计和调整。

企业管理：确保工作的顺利进行

企业管理，指的是企业管理者给组织制定方向，提供领导，并决定如何运用组织资源（例如工作者、财务资源、信息及设备）来实现盈利这一目的的活动的总称。

其中，合理组织生产力是企业管理的首要任务。它包含两方面的内容：一是使企业拥有的生产要素得到合理配置和充分利用，也就是说要把企业拥有的人、财、物和技术等生产要素合理地组织在一起，进行科学的配置和利用，实现“物尽其用，人尽其才”；二是不断地开发新的生产力，即通过不断地改进生产技术和劳动资料，不断地发现新材料及原材料的新用途，以及不断地引进优秀人员并对员工进行培训来开发新的生产力。

另外，企业管理总是在特定的社会生产关系下进行的，一定的社会生产关系是企业管理的基础，它从本质上决定着企业管理的社会属性，从总体上制约着企业管理的基本过程，所以，企业管理的另一项重要任务就是要维护其赖以存在的社会关系。由于生产关系是相对比较稳定的，因此，为了保证生产力的不断发展，有必要在保持现有生产关系基本性质不变的前提下，通过改进企业管理的手段、方式等途径对生产关系的某些方面或环节进行调整、改善，以适应生产力不断发展的需要。

总而言之，企业管理的任务不仅是要合理组织企业内部的生产活动，而且还要把企业作为整个社会系统的一个子系统，按照客观经济规律，科学地组织企业的全部经营活动。

对于一个企业管理者来说，当今的管理正面临一场变革，无视企业管理发展趋势，必将使企业失去发展的机遇。一个优秀的管理者必须与时俱进，才能使企业更好更快地发展起来。为了有效地迎接挑战和适应未来发展，我们有必要了解当代企业管理发展的主要趋势。总结目前知识经济时代企业管理的最新动态，管理者可以从以下几点做起：

1. 创新管理制度

全球化经济时代，市场竞争更加激烈，“优胜劣汰，适者生存”和“时势造英雄”的竞争规律将得到充分的体现，勇于创新，便意味着更好的生存发展，这是企业在生产上、市场上占据竞争优势的根本途径。

这就要求企业管理者在重视技术创新的同时，还要不断进行管理创新，包括制度创新等等。一个公平合理的制度能够吸引优秀的人才，而人才是企业在市场竞争中取胜的重要条件。在全球经济一体化的知识经济时代，每天都有新的技术、新的观念产生。企业制度在今天可能是发展的助推器，明天可能就成为绊脚石。因此，制度必须不断创新，不断地适应人才。首先，当企业处在成长阶段，目标比较单一，业务正处于发展阶段，这时为了实现企业发展目标，在制定制度时，更多的是根据员工的具体情况来灵活调整制度。这样做的目的不仅可以吸引更多人才加盟，还可以更好发挥员工的能力和提高他们工作的积极性，来实现企业的目标。而当公司发展到成熟阶段后，企业的组织制度也相应成熟。员工队伍和业务也稳定了。在这阶段，企业制度还是适应人才的。当外部环境发生变化，企业地位受到威胁时，这时企业会感到制度已不适应组织的发展，更不适应人才的发展。因此，有必要进行管理的创新。总之，现代企业家精神，实质就是要树立市场竞争观念和风险经营观念，善于将企业有限的资源转化为竞争优势，提高企业的创新应变能力和开拓市场能力。

2. 转移管理重心

知识管理作为一种新型企业管理，具有自身的显著特征。知识有显性知识和隐性知识之分，显性知识易于存储和掌握，而隐性知识则难于掌握，它是存储于人们头脑中的经验、诀窍、灵感等方面的知识。知识管理就是既要掌握显性知识，更要促使隐性知识向显性知识转化，实现知识共享，把新知识、新经验加以培育，使其转化为新的生产力的管理。知识资源拥有的多少，开发和利用程度的高低，将决定企业的竞争优势和竞争力。因此，企业经营者的主要职责就是要以知识和创新作为人才取向标准来选拔、培养和使用人才，还要以知识和创新作为价值取向标准来评价、衡量人才，同时还要激活人力资源，为人才脱颖而出、更好地发挥集体智慧创造出良好的环境和条件。

另外，21 世纪的企业所面临的市场是国际市场，因此企业管理人员和雇员可能来自不同的国度，这便意味着有更多的文化冲突。此时，企业在对跨文化员工进行管理时，要在保持本土优秀文化的基础上，兼收并蓄，博采众长，不断创新。使得不同文化背景的员工在相互学习、交融的基础上，使经营思想达成共识，并建立具有特色的企业管理文化。

3. 智化管理模式

以计算机信息网络为基础的网络经济促使企业传统的经营管理模

式发生了深刻的变革，推进企业管理日臻完善。企业管理模式要更加体现管理的数字化、信息化和智能化。

网络经济中的企业管理是一种数字化管理，企业可以利用网络技术平台，通过传感器、互联网上的信息收集以及对其他信息资源形成的巨大数据流的采集，并对数据进行整理、分析和开发，为管理决策提供依据。它也是一种智能化管理，企业通过数据处理系统、准时生产系统等系统的建立和使用，实现商业模式的“专家效应”和智能自动化管理。由此，企业管理模式将发生以下变化：

电子商务将成为商务运作的方向。电子商务的运用，极大地提高了商务运作的效率，实现管理和经营方式的变革；网络使企业生产逐步向分散化、个性化和柔性化方向发展，使生产配送体系以快速满足客户需求为中心；网络经济使企业管理的核心角色 CEO、CFO、CIO(首席行政主管、首席财务主管、首席信息主管)构筑起网络化管理的基本职能结构；数字化技术使企业财务管理模式向战略型、信息化、可视化、集成化方向发展。

4. 转变管理战略

企业如果没有科学的战略目标、长远打算，只顾眼前和一时的成就，便不可能持续发展，更不可能在竞争中取胜，企业惟有运筹帷幄，深谋远虑，才能战略制胜，才能不断壮大发展。

在过去，企业的管理者往往追求企业战略的稳定性、长期性，期望对企业的发展施以长远的影响。但事实证明，多变的技术革新浪潮，意想不到的环境变化，往往使追求“稳定性”的企业措手不及。企业要适应全球市场的激烈竞争，必须对自己的发展有一个战略规划，能否制定和实现正确的战略构想，关系到企业的兴亡。从这个意义上来说，现代中国企业已进入了由面向计划的传统管理到面向市场的战略经营时代，制定战略已在企业的经营管理中越来越显示出其突出的地位和作用。战略经营要求管理者必须审时度势，及时做出反映。因此，具有迅速适应新变化的能力比周密的计划更加重要。而战略研究的成功与否，则取决于对客观事实的实际了解，分析能力和预测技术的发展。这些使战略计划研究成为左右组织或企业成败的关键因素，因此，管理者必须要在彻底了解和准确把握企业内部条件和外部环境变化的同时，结合本企业的特点，制订出最佳的企业战略。

5. 优化管理体系

企业管理的最高境界应该是“没有管理的管理”。当然，这并非是指取消管理，而是使管理进入更好的层次和更高的境界。

传统的企业管理，较多地表现为管制、监控、指示、命令，在一定程度上束缚了人的个性和创造力。随着员工发挥主观能动性和创造性的愿望日益强烈，这种情况需要企业尽快形成一种能动的管理体系和管理机制，即人人都是管理的主体，都是重要决策的参与者，也是决策的执行者。以人为本，顺应个性，尊重人格，使员工不再被动地在严格制度的束缚下工作，而是自觉地把工作视为人生发展的组成部分。通过企业文化的构造，创造一种高度和谐、亲切友好、融洽无间的氛围，使企业成为一个凝聚力极强的工作团队；顺应社会经济运行的自然发展规律，使管理成为一个自然的历史过程，这样企业便可以成为一个自我组织、自我调节的富有活力的有机整体，促进企业协调、有序、高效地运行。这样的管理体系和管理机制使企业达到了管理与被管理的有效整合、不同文化的和谐融合以及个人理性与组织理性的高度统一，达到企业管理的最优境界。

人力资源管理：找到并留住最佳员工

人力资源，也称人事，随着各企业意识到资源（用会计用语说是“资产”）中很大部分每天都在流失后，这个名称就变更了。而人力既然可以作为一种资源，其价值就存在于有效的利用之中，也就应该全面、正确地认识其持性，对其进行全面的配置、管理和开发，使其价值得到最大的发挥。那么，人力资源管理，也就是评估人力资源需求，然后招聘、筛选、开发、激励、评估、报酬并安排工作时间，以达成组织目标的过程。

在企业的运营中，人力资源管理是非常重要的一环。无论是工厂或企业，哪一个单位都离不开人。在企业各项管理中，人、财、物、时间、信息等资料中，人也始终处在支配的地位，起着决定性的作用。江泽民曾讲过，“人才资源是第一资源”。毋庸置疑，人力资源管理工作是当前企业核心管理工作之一。

既然人力资源管理如此重要，那么，一个企业如何才能做好人力资源管理工作呢?

1. 对人力资源外在要素——量的管理

凡社会化大生产都要求人力与物力按合理的比例进行配置，人力与物力在价值量上的比例是客观存在的。对人力资源进行量的管理，就是根据人力和物力及其变化，对人力进行恰当的培训、组织和协调，使二者经常保持最佳比例和有机结合，使人和物都充分发挥出最佳效应。

(1) 人力投入

根据规模经济理论，随着人力投入的增加，企业劳动生产力呈上升趋势。但是其前提必须是使人力有事可做，不能无目的地增加人力投入。否则，反而会使生产力下降。因此，各企业要根据自身条件及特点选择适量的人力，以达到最佳规模经济效益，这是人力资源开发的第一个途径。此外，还必须有相应的资金保证，使人均技术装备水平也达到相应的程度。

(2) 人力配置

以岗定人，是现代人力资源管理中的一种创新机制，是企业人才管理的基本要求，只有让合适的人在合适的岗位上工作，才能发挥每个人的作用，激发出人最大的能量。

(3) 人力培训

人力培训是最有效的人力资源开发管理的途径。根据教育经济学的研究成果可见，劳动生产力与人员素质呈指数关系。如与文盲相比，一个具有小学文化程度的劳动者可提高劳动生产率 43%；中学文化程度的可提高劳动生产率 108%；大专以上文化程度的可提高 300%。因此，对于一个企业来说，管理者应重视员工培训，提高员工素质，增强自身的竞争能力。

2. 对人力资源内在要素——质的管理

就人的个体而言，主观能动性是积极性和创造性的基础，通过科学的激励方法提高人的主观积极性，能把人的潜能充分发挥出来，大大提高生产效率。这就需要人力资源管理者的激励，这也是管理者的主要职责之一。

那些员工激励程度较高的公司通常都有几个共同的特色，最重要的特色有：

（1）改革分配制度

古人云："不患寡，患不均"，员工受奖酬分配公平与否影响巨大，一个企业若想拥有活力，确保经济可持续性发展，就必须全面改革分配制度。改变只出勤就拿工资的做法，以及不求生产效率和工作质量的弊病。要把我们经常在喊的口号，真正落实到分配之中去。即使做不到绝对公平，也要体现相对公平。应通过建立岗位工资、计件工资、承包工资等多种形式，切切实实地促进多劳多得，少劳少得，不劳不得的激励分配机制的落实。

（2）健全晋升制度

在马斯洛需要层次论中说道，"自我实现是最高层次的，其产生的动力远比工资、福利等外在激励要深刻和持久"。因此，企业必须要为员工创造良好的发展环境和发展空间。其一是通过健全使用培养机制，激发员工的进取上进心，为其提供诸多的发展机会和空间；其二是加大正面宣传力度，对涌现出来的先进员工要及时予以表扬宣传，肯定成绩，坚定他们在企业中实现自我的信心和价值。

（3）打造良好环境

创造一个良好的工作环境和生活环境，一方面可以直接满足员工某些需要，如企业各级领导对职工的尊重、关心和信任，保持工作群体内人际关系的融洽，及时调解各种矛盾，提供必要的物质条件，使员工能顺利开展工作，美化和清洁工作环境，消除有害于健康或不安全因素等，从而使员工心情舒畅、精神饱满地工作；另一方面，良好的环境还可以形成一定的压力和规范，推动员工努力工作，如开展劳动竞赛，安排后进职工到先进班组工作等。

（4）营造和谐氛围

人与动物的根本区别就是人有思想感情，感情因素对人的工作积极性有重大影响。通过建设和加强企业文化建设，在领导与管理层之间，管理者与被管理者之间，员工与员工之间，营造一种互信、互助、平等、团结的良好氛围，会激发出员工主人翁责任感和爱厂如家的精神。但前提是一定要真诚。

（5）完善规章制度

一般来说，企业的各项规章制度都与一定的物质利益相联系，因而对员工的消极行为有一定的约束。同时，规章制度又为员工提供了行为规范和社会评价标准，职工遵守规章制度的情况，还与自我肯定、社会舆论等精神需要相联系，因此其激励作用是综合的。比如企业用工制度若规定企业可以辞退表现不好或技能过低的人员，这无疑会对员工的工作造成一定的强制性压力。

当然，每一个个体的主观能动性并不一定都能形成群体功能的最佳效应。“一个和尚挑水吃，两个和尚抬水吃，三个和尚没水吃”反映的就是这种情况。只有群体在思想观念上一致，在感情上融洽，在行动上协作，才能使群体功能等于或大于每一个个体功能的总和。

市场营销：谁掌握了营销谁就掌握了主动权

市场营销，是企业实现以最小的人力、物力、财力，获取最大的经济和社会效益，在激烈的市场竞争中立于不败之地的有力武器，但其定义却模糊不清。著名营销学家菲利普·科特勒教授曾说："市场营销是个人和集体通过创造并同别人交换产品和价值以获得所需所用之物的一种社会过程。"而著名管理学家彼得·德鲁克曾指出："市场营销的目的就是使销售成为不必要。"现实生活中，则有许多人认为营销就是"销售"或"广告"。

的确，销售或广告是营销的一部分，但营销的范围还要更大。实际上，营销包括了计划和执行理念、定价、促销，以及产品和服务的分销，以满足个人与组织目标的交易过程。在这个过程中，企业管理者可控制的管理部分包含：设计满足需求的产品；制定合理的价格；将产品运到正确的地点；发展有效的促销策略。它们是完成营销规划的四个最基本要素。而且，现代营销理念更强调以客户为本，营销商在任何时间点的作为，均取决于客户需求的满足。

下面，我们就从这个意义上来解读一下市场营销，以帮助企业更好地来规划自己的营销战略。

1. 产品策略：以开发为起点，以定位、组合为手段

所谓产品，是指能提供给市场，用于满足人们某种欲望和需要的任何事物，包括实物、服务、场所、组织、思想、主意等。消费者决定产品是否具有最高价值取决于许多因素，包括他们追求的利益和得到的服务。为了满足消费者，营销商必须学习更好地聆听消费者的心声，并且适应经常变化的市场需求。

(1) 产品开发

现代市场经济条件下，企业经营成败的关键在于对市场的认知和把握。因此，任何企业在进行经营时，都必须对现有市场进行分析，明确企业服务的顾客究竟是谁。市场分析主要包括：营销环境分析，竞争分析，消费者分析，组织市场购买行为分析。

这里还有一个特别要注意的问题，就是一旦产品通过开发和测试之后，就会在市场上推出。产品通常会经历四个阶段的生命周期：引入期、成长期、成熟期和衰退期。那么，企业对目标市场的选择也应随其产品所处的生命周期阶段的不同而变化。当产品处于投入期时，企业通过先介绍单一款式来推出新产品，因此宜采用无差异目标市场战略或集中目标市场战略；当产品进入成长期和成熟期时，宜采用差异目标市场战略，提高产品和市场的针对性；当产品进入衰退期时，为保存原有市场，延长产品的市场生命，全力对付竞争者，宜采取集中目标市场战略。

(2) 产品定位

所谓产品定位，就是根据所选定目标市场上的竞争者现有产品所处的位置和企业自身的条件，从各方面为企业和产品创造一定的特色、塑造并树立一定的市场形象以求在目标顾客心目中形成一种特殊的偏爱。一般来说，产品定位策略主要有以下五种：

抢先定位策略。最早给人一个印象是进入一个人心里的捷径。

领导定位策略。一些经验表明，进入顾客心里的第一个产品牌子的长期市场占有率，一般比第二个牌子高出两倍，第二个牌子差不多也比第三个牌子高出两倍，而且这种关系不会轻易改变。

依附定位策略。当企业推出了新产品，尽力告诉顾客这个产品不是什么完全新的产品，而是同老产品有联系的新产品。

空隙定位策略。一般是追随者所采用的策略。空隙可以是规模、价格、性别、年龄、时间、市场等方面的空隙。

重新定位策略。根据市场演进理论，到了一定时候，由于商场上每类产品都有数以百计的品种，企业在顾客的心里再也找不到一个空隙。一个公司如果想利用广告开辟一条路，使自己的产品进入顾客的心里，那么就必须根据自身和竞争对手在顾客心里已经占有的位置，为自己的产品创造一个空隙。

(3) 产品组合

一般来说，大多数企业都会生产和销售多种产品，形成一个产品组合，以适应消费需求的多样化。企业增加产品组合的宽度(即增加产品大类的数目，扩大经营范围，甚至跨行业经营，实行多角化经营)，可以充分利用企业资源，提高经营效益。此外，实行多角化经营还可以减少风险。企业增加产品组合的长度和深度(即增加产品项目，增加产品的花色式样规格等)，可以满足更多消费者的不同需要，提高市场占有率。企业增加产品组合的关联性(即使各个产品大类在最终使用、生产条件、分销渠道等各方面密切关联)，则可以提高企业在某一地区、行业的声誉。企业在调整优化产品组合时，依据不同情况，可选择如下策略：

扩大产品组合。当企业预测现有产品大类的销售额和利润额在未来一段时间内有可能下降时，就应考虑在现行产品组合中增加新的产品大类，或加强其中有发展潜力的产品大类；当企业打算增加产品特色，或为更多的细分市场提供产品时，则可选择在原有产品大类内增加新的产品项目。一般而言，扩大产品组合，可使企业充分利用现有人、财、物资源，分散风险，增强竞争能力。

缩减产品组合。当市场繁荣时，较长、较宽的产品组合会为企业带来更多的盈利机会。但当市场不景气或原料、能源供应紧张时，缩减产品反而可能使总利润上升。这是因为从产品组合中剔除了那些获利很小甚至不获利的产品大类或产品项目，使企业集中力量发展获利多的产品大类和产品项目。

产品延伸。每一企业的产品都有其特定的市场定位。产品延伸策略指全部或部分地改变公司原有产品的市场定位，具体做法有：向下延伸、向上延伸和双向延伸三种。

2. 价格策略——营销决策成败的关键

价格是营销要素中最为敏感的因素，在营销的要素中，只有价格可直接表明企业收入的多少，因此我们常说："价格是企业利益的标签。"所以，管理者在营销定位过程中，一定要把握好价格定位这一环节，产品价格定位得当，会促进产品的销售，提高市场占有率，增加企业的竞争力。反之则会制约企业的生存和发展。

任何企业都不能孤立地制定价格，决策者在进行产品价格定位时，要考虑以下因素：

(1) 定价目标

决策者的定价目标是以满足市场需要和实现企业盈利为基础的，它是实现企业经营总目标的保证和手段。同时，又是企业定价策略和定价方法的依据。企业面临的市场环境和竞争条件不同，企业的目标就会有差别。不同的企业有不同的目标，同一企业在不同的发展时期也有不同的定价目标。

(2) 确定需求

市场需求是影响价格定位的重要因素。当产品高于某一水平时，将无人购买，因此市场需求决定了产品价格的上限。一般地，市场需求随着产品价格的上升而减少，随着价格的下降而增加。但是也有一些产品的需求和价格之间呈同方向变化的关系，如能代表一定社会地位和身份的装饰品及有价值的收藏品等。

(3) 估计成本

需求在很大程度上为企业确定了一个产品价格的上限，而成本则决定着价格的下限。从长期来看，任何产品的价格都应高于所发生的成本费用，在生产经营过程中的耗费才能从销售收入中得到补偿，企业才能获得利润，生产经营活动才能继续进行。价格应包括所有生产、分销和推销该产品的成本，还包括对公司的努力和承担风险的一个公允的报酬。

（4）分析竞争者的产品和价格

决策者为产品定价时必须考虑竞争者的产品和价格。可以派出人员去市场上了解竞争者产品的价格（沃尔玛的“市场行情调查员”和我国广州等一些城市出现的“砍价员”），也可搜集竞争者的产品价目表或买回竞争者的产品进行分析研究。决策者可以将竞争者的产品及其价格作为企业产品定价的参考。如果企业的产品和竞争者的同种产品质量差不多，那么两者的价格也应大体一样；如果企业的产品不如竞争者的产品，那么产品价格就应定低些；如果企业的产品优于竞争者的产品，那么价格就可以定高些。

（5）价格必须符合相关政策和规定

在我国，规范企业定价行为的法律和相关法规有《价格法》、《反不正当竞争法》、《明码标价法》、《制止牟取暴利的暂行规定》、《价格违反行为行政处罚规定》、《关于制止低价倾销行为的规定》等等。北京百货大楼等 8 大商场曾经和小天鹅洗衣机厂等 9 大厂家签订协议，联手统一北京洗衣机市场上 9 种洗衣机的零售价格的行为，被北京市工商行政管理部门和物价管理部门认定是一种价格违法行为而被制止。

选定最后价格时，还须考虑企业内部有关人员（如推销人员、广告人员等）对定价的意见，考虑经销商、供应商等对所定价格的意见，考虑竞争对手对所定价格的反应。

另外，企业处在一个不断变化的环境中，为了生存和发展，有时需要主动削价或提价，有时候需要对竞争者的变价做出适当的反应等。

3. 渠道策略——对降低企业成本和提高企业竞争力具有重要意义

渠道策略是整个营销系统的重要组成部分，是规划中的重点。企业营销渠道的选择将直接影响到其他的营销决策，同产品策略、价格策略、促销策略一样，也是企业是否能够成功开拓市场、实现销售及经营目标的重要手段，对于企业发展战略建设起着至关重要的作用。

作为连接生产者与最终用户之间的纽带，传统模式下的企业营销渠道是：厂商——总经销商——二级批发商——三级批发商——零售商——消费者。但是随着市场环境的日益变化，传统的渠道模式已经不能适应新形势的需要，企业需要根据自身的发展状况，以及行业市场的激烈竞争来不断调整渠道模式，以使企业的销售量持续增长，促进企业快速发展。

目前，企业营销渠道模式呈现出以下几种发展趋势：

(1) 电子营销渠道成为主流渠道

电子营销渠道是指利用简单、快捷的电子通信方式使厂家与商家通过互联网进行商务活动。其优势有营销效率高、费用低、营销市场无限化、营销方式多样化等。

随着信息技术时代的到来，与传统渠道方式相比，企业通过电子商务的平台缩短了生产者与消费者之间的距离，节省了商品流通中经历的诸多环节，从而降低产品价格，对消费者也是一种极大的优惠手段，其空间开放性又打破了传统营销手段的局限性，从而使企业的渠道营销方式进入了一个新的阶段。

(2) 直接营销渠道日益重要

直接营销渠道，又称零级渠道，是指没有渠道中间商参与的一种渠道结构，产品或服务直接由生产者销售给消费者。与传统销售模式相比，其主要优势在于：直线销售关注的是与顾客建立一种直接的关系，让顾客能够直接与厂家互动。

随着市场竞争的日益激烈，企业希望能够获取更多的市场，把握产品策略，从而有利于产品的营销及推广。而中间商往往由于经营产品种类繁多，很难针对某个企业的产品进行推荐宣传，客户对产品的评价信息也不能及时反馈，所以有些企业为了弥补这一缺陷，就承担起了产品分销的工作。另外，很多企业产品技术越来越复杂，专业性越来越强，那么中间商就很难为消费者提供较好的售后服务，例如：产品安装、操作指导等，只能厂商与客户直接交涉沟通，这也要求企业使用直接营销渠道。那么，其结果就是直接营销渠道的重要性日益加强。

不过，对于一些大型的、产品多样化的厂商来说，其客户群体很多，如果直接与消费者进行营销不切实际。因此，企业就可以采取减少渠道营销环节，缩短渠道，绕过批发商直接供应零售商，既可以让零售商获得更多的经济效益，同时自己也能获得直销的好处。

（3）营销渠道的整合成为渠道发展的重要方向

营销渠道的整合，即渠道成员之间以渠道系统的利益最大化为目标，联合在一起营销。这种方式将会提高渠道成员各自的经济效益，提升行业地位，也是今后渠道发展的重要方向。

随着市场环境的变化，要想适应其发展，使渠道能够高效运作，提高各自的经济效益，渠道成员就必须改变其传统营销渠道系统中“各司其职”的模式，加强成员之间的协调统一，促进垂直营销渠道模式的发展。在这种新型整合的营销渠道下，厂商、批发商和零售商就要联合成一体，由以前的“你、我”关系转变为“我们”的关系，从以前的交易型活动方式转变成伙伴型活动方式。

随着人民生活水平的日益提高，零售终端实力增强，大型零售企业正在积极争夺市场主导地位。购买力的增强促使零售企业规模日益扩大，其竞争实力也逐渐提高。零售商绕过批发商，享受厂商的优惠价格销售产品，同时也会与厂商进行价格战，来尽可能获得更大的利润价值，还能够利用其企业实力及声望拓宽市场，与厂商争夺市场支配地位。

总之，现阶段我国企业的营销渠道构建处于一个发展建设的关键时期，应该从整体上把握其操作性。企业营销渠道的建设受到市场、环境等诸多因素的制约，所以要在宏观上进行整体规划，使其建设适应我国市场经济体制的发展，创造更多的市场价值。

4. 促销策略——所有企业的核心内容之一

促销，是营销商在一个目标市场上展示自己的产品并引起注意，以实现销售的行为。一个企业往往会使用许多手段和工具来进行产品和服务的促销，一般是通过两种方式：一是人员推销，即推销员和顾客面对面地进行推销；另一种是非人员推销，即通过大众传播媒介在同一时间向大量消费者传递信息，主要包括广告、公共关系和营业推广等多种方式。这两种推销方式各有利弊，起着相互补充的作用。

（1）人员推销

人员推销是一种最古老的促销方式，其基本形式主要有上门直销、门市柜台直销、产品会展等形式的会议推销、家庭直销等几种。其销售对象（即目标受众）主要包括消费者、生产者用户、中间商、零售商等。人员促销的基本策略主要有刺激—反馈策略、目标—成交策略、诱导—购买策略等几种常用策略。

虽然它是一种古老的促销方式，但人员推销在现代企业营销活动中，依然占有重要的地位。因其具有直接、灵活、双向沟通的特点，往往容易促成交易。而且，一个有经验的推销员为了达到促进销售的目的，可以使买卖双方从单纯的买卖关系发展到建立深厚的友谊，彼此信任，彼此谅解，这种感情增进有助于推销工作的开展，实际上也起到了公共关系的作用。

(2）非人员推销

①广告

广告是企业在促销中普遍重视且应用最为广泛的促销方式，它的特点是宣传面广，可以在推销人员到达之前或到达不了的地区宣传企业及产品，从而节省人力。

在广告设计上，必须遵循宣传真实性、鲜明的感召力、思想艺术性等几方面的设计原则；在媒体选择上，则应结合企业产品的性质、消费者的习惯媒体、媒体的传播范围和特点、媒体的广告费用等相关因素进行综合性考虑，理性选择广告媒体（包括报纸、杂志、电视、广播、网络及户外广告等)。另外，企业在广告促销活动实施后，还应及时对广告活动所取得的效果做出合理的评估和测定，目前普遍采用的方法是对广告促销效果的评估测定为主。其测定方法主要有广告费用对比销售额法（即广告费用与企业产品销售额的比值)、广告费用对比产品销售数量法（即广告费用与企业产品销售数量的比值）弹性系数法（即广告费用投入量变动率与企业产品销售额变动率的比值）等。

②公共关系

公共关系在企业营销管理工作中占有重要地位，它是企业为使公众了解企业的经营方针和策略，而有计划地加强企业与公众的联系，从而建立和谐的关系、树立企业信誉的一系列活动，其特点是不以直接的短期促销效果为目标，而是通过公关活动使公众对企业及产品产生好感，并塑造良好的企业形象。

企业开展公关的方式多种多样，常用的有以下几种：新闻宣传、举办庆典、积极参与各种社会活动、建设企业文化等。由于公共关系不是直接销售某种产品，而是与其他促销方式结合使用，因此其活动效果很难进行单独的评价与衡量。比较常用的方法是看公共关系活动在新闻媒体上的展露次数，或在公共关系活动后，消费者对企业或品牌的知名度、礼节度及态度偏好方面的变化情况，以及活动前后产品销售额与利润的变化。

③营业推广

营业推广是为正面刺激消费者需求而采取的各种促销措施，包括赠送样品、有奖销售、买一赠一、举办展销会等，其特点是可以有效地吸引顾客，刺激购买欲望，因而在短期内促销效果显著。但企业在采纳这些方式时应理性综合使用，要结合这些方式的各自特点、产品特点、促销目标及目标受众、促销市场环境等多种综合因素予以考虑。

此外，随着市场环境的变化及飞快发展，促销策略也出现了一些新的变化和发展，联合促销就是其中的一种。联合促销是指两个以上的企业或品牌合作开展促销活动。这种做法的最大好处是可以使联合体内的各成员以较少费用获得较大的促销效果，联合促销有时能达到单独促销无法达到的目的。不过，企业在运用销售促进方式时必须制定较为详尽的促销计划，理性地实施运用。

总之，成功的市场营销活动，不仅需要企业对其产品制定适当的价格、选择合适的分销渠道，而且需要采取适当的方式进行产品促销。企业在从事市场营销活动中要想取得成功的营销业绩，除了要具有高素质的销售团队、完善的分销渠道以外，还应正确制定并合理运用促销策略，这是企业在激烈市场竞争中取得良好的销售业绩并获得较好经济效益的必备要素。

财务管理：资金流转才是企业命脉

企业财务管理是企业管理的一个重要组成部分。许多小企业就常常因为不能维持良好的财务流程而出现经营衰退甚至倒闭的情况，有时大企业也会如此。可以说，财务管理就是优质企业的心跳中枢，面对激烈的竞争，要想求得生存、获得发展就必须重视企业的财务管理。

那么，什么是财务管理呢?

财务管理是指基于一定的法律法规，在一定整体目标的指导下，关于企业资产的购置（投资）、资本的融通（筹资）和经营中现金流量（营运资金）以及利润分配的管理。它自始至终的惟一目的，就是使公司的利润最大化，并充分利用资金。

具体而言，财务管理者应有以下三大基本职责：

1. 规划

财务规划是财务管理者的重要职责，它是在认真研究分析有关历史资料、经济技术条件的情况下，对未来的财务指标做出估计和判断，制订财务计划的过程。财务规划的内容主要包括：预测需求、预算编制和财务控制三个方面。企业的财务规划要以货币形式综合反映计划期内进行生产经营活动所需要的各项资金、预计的收入和经济效益，也就是说，财务规划是预测资金的来源和使用，提出资金使用的要求。

(1) 预测财务需求

预测，在任何企业的财务规划中都是非常重要的部分。进行预测的目的，是为了体现财务管理的事先性，即帮助财务管理者认识和控制未来的不确定性，使对未来的无知降到最低限度，使财务计划的预期目标同可能变化的周围环境和经济条件保持一致，并对财务计划的实施效果做到心中有数，它对于提高公司经营管理水平和经济效益有着十分重要的作用。

为了便于研究和掌握财务预测，人们往往依据不同的标准对其进行分类：按预测对象，可分为资金预测、成本和费用预测、营业收入预测、利润预测和销售预测；按预测方法，可分为定性财务预测和定量财务预测；按预测跨度时间可分为长期预测、中期预测和短期预测；按预测值多寡分为单项预测和多项预测；按预测态势分为表态预测和动态预测。

需要指出的是，财务预测还有一个准确性的问题。影响财务预测准确性的因素可以分为主观因素和客观因素。主观因素主要指预测者的素质，如数理统计分析能力和预测经验等。客观因素主要是指企业所处内外环境的急剧变化，例如像 SARS（非典型性肺炎）等突发事件。因此财务管理者要不断提高自己的预测能力，在实践中积累经验，提高预测的准确性。

(2) 做出财务决策

财务决策是在科学的财务预测基础上，根据企业财务管理的目标，对可供选择的多个备选财务方案进行计算、分析、评价和选优。财务决策包括筹资决策、投资决策、利润分配决策，以及生产经营中资金使用的决策等。财务决策一般包括四个步骤：一是确定决策目标；二是提出能达到预定目标的各种可能的备选方案；三是广泛搜集有关资料，并据此对各个备选方案进行科学的计算论证和分析；四是以企业财务管理目标作为决策标准，选定最优方案。

（3）编制预算程序

财务管理要适应市场经济的要求，编制并执行财务预算十分必要。简单地说，预算就是一种财务规划。更明确地说，预算是表达管理高层收入期望的财务规划，并以此在企业内部分配资源。具体成果以一套预计财务报告的形式体现出来，包括现金预算、预计利润表和预计资产负债表等内容。

财务预算的编制程序主要分为三个阶段。

预算准备：预算准备旨在进行经济预测、收集资料和上期预算执行情况分析。在预算编制前，必须先确立预算假设，分外部假设和内部假设。外部假设包括未来的通货膨胀率、汇率、利率等。内部假设包括产品销售价格增长、折扣率现金折扣、市场开发费、折旧率、工资增长、奖金、应收账款天数、存货天数等。

预算初稿：财务部门将编制预算的有关资料提供给各个业务部门，要求各个业务部门制定各自的部门预算，由财务部门综合成预算初稿，再报送最高层管理当局审核。

预算定稿与实施：在预算编制过程中财务部门经常要与各业务部门经理讨论预算与修订预算，使之与企业整体预算协调一致。经财务部门综合平衡反复修正，最后经讨论决定，以书面形式下达，作为正式预算下达实施。

2. 控制

财务控制是对企业的资金投入与收益的过程和结果进行衡量与校正，以确保企业出标及财务计划得以实现的活动。财务控制是财务规划得以落实的保证。没有财务控制，任何预测、决策和预算都是徒劳无益的，确定的财务目标也就难以实现。

就控制主体而言，应围绕财务控制建立有效的组织保证。如确定财务预算的预算编制机构、组织实施日常财务控制的监督协调仲裁机构、进行内部结算的内部结算组织、考评预算执行结果的考评机构等。在实践中，可以将这些机构的职能进行归并，也可以合并到企业常设机构中。

就被控制对象而言，应本着有利于将财务预算分解落实到企业内部各部门、各层次和各岗位的原则，建立各种执行预算的责任中心，使各责任中心对分解的预算指标既能控制，又能承担完全责任。

就控制手段而言，财务控制以实现财务预算为目标，财务预算都是以价值形式予以反映的，因此财务控制必须借助价值手段进行。

就控制内容而言，由于企业日常的财务活动过程表现为组织现金流量的过程，财务管理的日常内容主要是现金流量的管理。因此，以现金预算为依据，控制现金流量成为日常财务控制的主要内容。

具体来说，财务控制的内容主要有以下几点：

(1) 做好财务管理的基础工作

加强财务管理的基础工作是做好财务控制工作的前提，财务管理基础工作的主要内容是：健全原始记录，加强定额管理，严格计量验收，定期盘存财产物资以及制定企业内部结算价格制度等。

(2) 组织财务计划的实施

编制财务计划只是财务管理的起点，最终要组织计划的执行和落实，以达到不断改进工作、提高效率、降低成本、节约支出的目的。在组织计划的执行过程中，通过对各项财务指标完成情况的分析，来评价各项管理工作的质量，为决策提供依据。

(3) 保证财务收支的平衡

平衡财务收支也是财务控制的主要内容。其任务是及时根据实际情况，积极调度、合理组织资金，以保证生产的合理需要。平衡财务收支的方法是增加产量、增加收入以平衡支出；降低消耗、节约开支以平衡收入。此外，还可按规定程序向社会融资或向银行贷款。

3. 监督

企业的正常运转，还需要一整套完善的管理监督体系。财务管理中的管理和监督体系使得企业在生产经营过程中步步为营，确保企业始终朝着正确的方法前行。不仅如此，在完善监督的体系下，企业能有效利用各种资源，最大程度挖掘自身产能，优化企业的经营与管理，从而能够以较小的成本投入获得较大的经济效益。这就是财务管理中的监督职责。

具体来说，财务监督主要是以财务报告及其他相关资料为基础，利用货币形式对企业财务活动的过程和结果所实行的监督，即对资金的筹集、使用、耗费、回收和分配等活动进行监督。目的在于分析、评价企业的财务状况、经营成果以及现金流动情况，诊察企业经营活动和财务活动的利弊得失，以便进一步分析企业未来的发展趋势，为改进企业财务管理工作和优化经济决策提供重要的财务信息。例如：通过资金周转指标的分析，能够反映企业物资的占用和使用情况，对这些生产经营资金的形成和使用实行严格的监督，从而促进企业加强生产技术管理，改进物资供应工作；通过产品成本有关指标的分析，能够反映生产中物化劳动和活劳动的耗费，推动企业合理地使用人力、物力和财力，节约消耗、降低成本；通过利润指标的分析，能够反映企业的财务成果和经营管理水平，对利润的形成和分配实行严格的监督，从而促进企业挖掘潜力、改善管理、节约开支、增加收入。

值得一提的是，财务管理作用发挥如何，关键在于财务人员。必须进一步提高财务人员的素质，财务管理人员不仅要懂得会计核算，更重要的是要善于理财，即如何发挥财务管理的职能。财会人员除了应具备较扎实的专业知识外，还要求熟悉国家法律、法规制度，对社会环境（包括政治因素、经济因素、企业因素等）有一定的观察力和预测能力，以及具有较强的管理能力。而且，随着新经济时代的到来，知识、信息技术、人力资源日益受到重视，电子商务的兴起与应用，这一切也都赋予财务管理以新的内涵及新的挑战。财务人员要充分发挥计算机在会计核算和财务管理方面的作用，通过采用商品化会计软件，使会计凭证的制作更加规范。入账及时，数据准确，系统能够自动生成会计报表，从而以高质量的会计信息参与企业的经营决策。会计电算化的应用为尽快实现由记账型向管理型的转变，实现财务管理质的飞跃奠定了基础。所以只有善于抓住机遇、在知识经济挑战中经受住考验，企业才会腾飞，企业才能在市场多变的竞争中立于不败之地。

综上所述，企业要牢固树立财务管理的理念，从各个方面为企业财务管理水平的提高提供服务。只有企业财务管理水平提高了，才能够为企业应对残酷的市场竞争提供足够的支撑，为企业发展提供足够的动力。

第二章　不得不重视的商业法则

巴菲特定律：剑走偏锋

“在其他人都投了资的地方去投资，你是不会发财的”，这就是巴菲特定律。它是有美国“股神”之称的巴菲特的至理名言，更是他多年投资生涯后的经验结晶。

从20世纪60年代以廉价收购了濒临破产的伯克希尔公司开始，巴菲特创造了一个又一个的投资神话。他从不靠感性投资，他崇尚的是真正的价值投资。作为投资人，他最大的特点是自律。当他的这套投资策略不适用于当时市场情况的时候，巴菲特并不会着急，他反而趁机休息一下，等待适当的机会。这是大部分投资人做不到的，他们容易在股价下跌时急于杀出。而巴菲特却非常执着于他的投资理论，若非完美的投球，他绝不挥棒。因此，当1971年代表美国证券市场整体行情的道琼斯指数创新高的时候，他竟然把资金全部抽出来，告诉投资人说他的策略已经不适用于当时的投资环境，与其改用另外一种他不熟悉的投资策略，还不如关门大吉，把钱退还给投资人。

毫无疑问的，巴菲特有时候会等上一两年也等不到一记完美的投球。可是，一旦投手投出完美的一球时，巴菲特会毫不犹豫地挥出球棒，将这颗球击到全垒打墙以外。例如，在那波持续了两年的狂飙的热潮中许多人都赚了不少钱。但是，巴菲持只是坐在一旁，不为所动，静静地等待他的机会。终于有一天机会来了，市场崩盘，股价暴跌，投资者几乎人人惊慌失措。一时之间，华尔街像是在清仓大拍卖一样，许多股票都以极低的价格抛售。而这正是巴菲特所期待的完美投球，他开始上场打击，挥动他投资的巨棒，依照他完全以主营业务为考量的投资策略，买了好几家经营良好、产品又有特色的公司。其中最好的一笔交易大概就是买进《华盛顿邮报》的股票。

巴菲特定律最重要的启示，就是不要受别人左右，不要见异思迁。商场上还有这样的说法：同样的一桩生意，第一个做的是天才，第二个做的是庸才，第三个做的是蠢材，第四个做的就要破产了。由此可见跟随者的悲哀。现代社会充满着激烈而又残酷的竞争，无论是投资还是经营企业，我们都要善于找到自己的财富增长点，剑走偏锋，根据自己的特色做出敏锐的市场判断，“随大流”、“一窝蜂”是赚不到钱的。因此“巴菲特定律”才能取得如此疯狂的“响应”，无数创业者的成功，无不或明或暗地遵从着这个定律。

1. 在项目选择上，冷静不盲目

对于投资项目的选择一定要慎重，不仅应该事先准确地判断该项目的投资价值，而且最好要到竞争对手少的地方去投资，不要盲目关注一哄而上的投资行业与项目。以零售行业中的龙头老大——沃尔玛百货为例，沃尔玛的成功秘诀就是：他避开经济相对发达的地区和城市，而主要在美国南部和西南部的农村地区开设超级市场，并把发展的重点放在城市的外围，赌博似地等待城市向外扩展。他这一有着长远眼光的发展战略，不但避开了创业之初与实力强劲的竞争对手的拼杀，而且独自开发了一个前景广阔的市场。实践证明，沃尔玛令人难以置信地成功了。

因此，我们必须要学会逆向思维，要逆潮流而动，挖掘从长远来看有很大发展潜力而当下还不流行的机会。只有走自己的路，才有望在竞争激烈的经济比赛中胜出。而且，对任何“热点”，我们都要持冷静态度，做好热门交易随时有可能迅速变“冷”的心理准备，迅速设立停损位，一旦热点变冷，接近停损位，立即出手。在我们进行一笔大交易之前要有耐心，花点时间进行大量的市场调查、实地考察和分析工作。抵制迅速达成交易的诱惑。然后，对于热点我们要关注长期利益，警惕那些基于“早进场，早得利”理念的交易。这种交易的高风险可谓是名声在外。

2. 在管理模式上，借鉴不模仿

对企业而言，成功是由很多因素综合而成的，成功的企业很多，各有独到之处。以美国西南航空公司为例，西南航空主营国内短途业务，由于每个航班的平均航程仅为一个半小时，因此西南航空只提供软饮料和花生米，这样既可以将非常昂贵的配餐服务费用还之于民，又能让每架飞机净增 7 到 9 个座位，每班少配备 2 名乘务员。在西南航空公司的大多数市场上，它的票价甚至比城市之间的长途汽车票价还要便宜，此举措被其他的航空公司称为“地板缝里到处蔓延的蟑螂”。西南航空始终坚持“低成本营运和低票价竞争”的策略，在自己竞争对手不注重的地方下功夫，找到了属于自己的财富增长点。

可见，企业必然具有不同的创造能力才取得独特的成功。成功是不能复制的。管理界不存在“独特的、新颖的、简单易行的和无害的”

解决方案。所谓的“××管理模式”仅应起到参考作用，对所面临问题不是切实有效的解决方案。别人的经验只能是借鉴或仅仅是看看，借鉴不等于模仿，更不是复制，如果你去模仿的话，那就好比抛开你自己，活在别人的阴影里。

无论是投资还是经营企业，我们都要善于找到自己的财富增长点。“随大流”、“一窝蜂”是赚不到钱的。我们要牢牢记住巴菲特的忠告：在其他人都投了资的地方去投资，你是不会发财的。

3. 在素质修炼上，耐心不冲动

一个人在为事业奋斗的过程中，耐心十分重要。从中关村小贩，到国内数码产品第一品牌的华旗当家人——冯军就是一个很好的证明。他成功的每一步都与他的耐心分不开。创业初期，中关村里卖一台PC能赚一两万元，而水货CPU的利润也很高，但冯军没有涉足那些领域，而是一直坚持在做别人不屑于做的键盘和机箱的生意。虽然这些产品的利润很低，但是，冯军有自己的信念：有些原则，必须要坚守，只要坚持下去，华旗就能获得稳步发展。而最终的事实也证明，那些早年经营走私产品的公司，现在大多数已经烟消云散。而华旗却把利润小、不起眼的机箱和键盘生意做了二十几年。如今爱国者已经成为DIY市场一流的品牌，这时也再没有人会说机箱和键盘是小生意了。

一个成功的经营者，必须要具备耐心这种素质。耐心可以让你远离蝇头小利，坚持长期战略。我们都知道，创业是非常难的事情，创业者每天的压力是常人难以承受的。在这种情况下，就好比一个人一直在黑暗中摸索，一旦发现一点亮光，就会很难抵御诱惑而不顾一切地去追逐，最终偏离了自己原有的目标。所以一个人的最初梦想和一家公司的最初战略，决定了这个人和这家公司所能到达的最终高度。

梦想可以修正，战略可以修改，但大的方向是很难改变的。如果你的梦想够远大、野心够大，同时条件也允许，那么就应该有耐心，应该远离小利，坚持长期战略。

达维多定律：自吃幼崽

1995年，为了避开IBM公司的Power PC RISC系列产品的挑战，英特尔公司副总裁达维多故意缩短了当时极其成功的486处理器的技术生命。1995年4月26日，许多新闻媒体都报道了英特尔公司牺牲486、支持奔腾586的战略。英特尔公司运用这一战略永远把握着市场的主动，走在竞争对手的前面，引导着市场。在达维多看来，只有先入市场才能更容易获取较大的份额和较高的利润，一家企业要想在市场上总是占据主导地位，那么就要做到第一个开发出新产品，又第一个淘汰自己的老产品。人们把达维多的这种创新理论简称为“达维多定律”。

实际上，企业在成长过程中总会遇到挫折与失败，与其让别人打倒你的产品，不如自己主动打倒自己，不断推出新产品，这样才能在竞争中处于不败之地。在实际管理中，管理者应用达维多定律，应注意以下几个方面：

1. 自吃幼崽

在竞争激烈的市场中，自吃幼崽，淘汰自己的产品，必然会引起企业一定的经济亏损，但是这种方法可以使企业审时度势，促使自己不断研发新产品，让企业在竞争中占据主导地位。

美国的太阳微系统公司就是一家以不断淘汰自己产品和不断创新取胜的公司。它以企业的运作速度为核心成功地确立了自己的整个竞争战略。自从 1982 年创立以来，公司通过一系列的火速创新以及雷厉风行的企业运作机制逐渐发展壮大。例如，在高性能工程工作站这一生产领域，产品的换代周期一般是 3 ~ 5 年，而太阳微系统为自己订下了他人难以企及的目标：每 12 个月使它的工作站的性能提高一倍。公司在年度报告中公开向自己的员工及竞争对手提出了这个挑战。可以说，太阳微系统公司是在时刻准备淘汰旧产品，推出自己的新产品，并以其产品价格、性能上的优势打乱竞争对手的阵脚。

企业要想发展，就要不断淘汰自己过时的产品。每一个产品的出现，都是适应时代发展的，如果产品很长时间不更新，就会出现与时代脱节的现象，随着时间的推移，就会慢慢被消费者忽略，引起公司利润下降，公司效益低下，甚至面临破产的危险。勇于淘汰自己的产品，是企业自信、实力雄厚的表现，为了企业的长久发展，企业应该有“自吃幼崽”这样的勇气与魄力。

2. 转变思维

在充满竞争的市场经济条件下，随着网络的迅猛发展，市场变化越来越大。面对这样的趋势，企业管理者单纯依靠以往的经营方式，是很难适应不断变化的市场的。如果企业管理者能够把握市场规律，及时调整自己的思维方式，才可以在激烈的竞争中得到生存和发展。

下面这两个开发商就是最好的例子。两个开发商，各自聘请了最好的设计师和一流的施工队，一个在城东十里开发圆梦花园，一个在城西十里开发凤凰山庄。3年后，圆梦花园和凤凰山庄都成了理想的居住地。圆梦花园首先在电视上打出广告，接着是报纸和电台，他们打算投资1000万做宣传，让圆梦花园成为购房者真正圆梦的地方。凤凰山庄也拿出1000万，不过它没有交给广告公司，而是给了公交公司，让他们把跑西线的车由每半小时一班增加到每5分钟一班。而且，乘坐这条线路上的车，人们可以得到一张如公园门票大小的彩色车票，它的正面是凤凰山庄的广告，反面是一首四言绝句，这种车票每周一换。1个月后，凤凰山庄售出的房是圆梦花园的10倍。1年过去，凤凰山庄开始清盘，圆梦花园开始降价。现在去凤凰山庄的车每2分钟就有一班。据说，凤凰山庄有个孩子已在车上背了400多首唐诗，最少的也背了50几首。前不久，圆梦花园申请破产，凤凰山庄借势收购。从此，市区又多了一条车票上印有宋词的线路。

可见，企业与企业的竞争，没有固定的优势可言，先天的优势利用不好，反而会变成后天的劣势，企业勇于转变思维，开拓创新，摆脱旧观念对公司的影响，才能使企业获得新的强大的生命力。

3. 技术创新

技术创新，确立品牌地位。技术创新是企业在竞争中赢得优势的重要方法，是企业掌握市场动向，成为行业领先者和市场领袖的重要因素。

海尔就为我们提供了在传统行业家电市场上，优势企业通过不断创新而保持自己优势地位的案例。

海尔彩电从创立之日起，就创造了许多让人“想不到”的产品：比如拉幕式彩电，海尔称之为“晶视2000”，这种彩电实现了开机软启动，避免了图像的闪烁对人眼的伤害；关机零闪烁，避免了强光束对屏幕中心的冲击，可以延长显像管寿命近一倍；再比如可以升级的彩电，海尔称之为“全媒体、全数字”彩电，改变了过去将电视机的功能固定在一块线路板上的做法，而是采用了与计算机相同的模块化设计，不但可以使各个功能模块实现交互式双向信息交流，而且还可以随着技术的更新发展和人们的需求来更换模块，使其功能站在潮流的最前头；还有，家庭影院彩电，海尔称之为“AV 战神”，这一款彩电首次实现了真正的 AV 立体声系统，营造出可与专业音响媲美的全空间多维环绕立体效果……

技术创新是企业持续、稳定发展的基础。正是因为把握了这个方向，海尔才保持了自己的持续领先地位。而一个企业要想实现技术创新，就不能闭门造车。在这个市场细分的年代，市场是企业所有工作的起点和归宿，因此，技术创新要从市场中来，然后再服务于市场。创新研发的新技术，最终以产品的形式回到市场。技术创新必须立足于高起点，用最新科技保障技术创新成果的生命力和竞争力，使企业的产品在所属技术领域内达到国际先进水平。

4. 先入为主

要不失时机地将企业的新产品推向市场，也许新产品还存在一些缺点，但是只有先进入市场，才能占有较大的市场份额，为企业增加效益。

下面这两个生意人或许会给我们一些启示。从前有个做大蒜生意的商人，他得知遥远的阿拉伯并没有大蒜，觉得那是一个潜在的巨大市场，如果能够抓住这个商机，肯定会大赚一笔。于是他带上两袋大蒜，艰难跋涉了很多天，终于来到了阿拉伯。事实真的如他所料，好客的阿拉伯人用极为热情的方式款待了这位商人，临别的时候还赠予了他两袋金子。商人的邻居——一个做大葱生意的人听说了之后，羡慕不已，心想：阿拉伯既然没有大蒜，肯定也没有大葱了，发财的生意来了，如果我也去跑一趟，肯定也能够赚得满满两大袋金子回来。于是，他决定去阿拉伯一趟。事实也确实如他所料，不过，结局却是阿拉伯人把上次那个商人留下的大蒜作为礼物回赠给他，因为他们觉得用两袋黄金远远不能表达对他的感激之情。的确，做事情就是这样：抢占先机，往往会得到金子，而步人后尘，得到的物品对你来说可能就是一文不值。

一位成功的企业家曾说过：一项新事物，在10个人当中，有一两个人赞成就可以开始着手做了；有5个人赞成时，就已经迟了一步；如果有七八个人赞成时，那就太晚了。很多企业在做公司决策时，一味地考虑多数人的意见，忽略少数人的意见，这样不仅不利于公司的发展，还打击了员工创新的积极性。要知道，竞争就是要将新产品抢占先机，先入为主，产品不一定是性能最好的，速度最快的，但产品一定要是最新的，哪怕淘汰市场上自己卖得很好的产品。

总之，企业一定要具有一种强烈的忧患意识和时不我待的紧迫感和危机感，及时把握创新的机会才是一个成功企业应必备的条件。

木桶理论：突破瓶颈

木桶理论的道理其实浅显易懂：一只沿口不齐的木桶，盛水的多少，不在于木桶上最长的那块木板，而在于最短的那块木板，要想提高水桶的整体容量，不是去增如最长的那块木板长度，而是要下功夫依次补齐最短的木板。这一规律就是“木桶理论”。

根据这一核心内容，“木桶理论”还有三个推论：其一，只有桶壁上的所有木板都足够高，那木桶才能盛满水，如果这个木桶里有一块木板不够高，木桶里的水就不可能是满的；其二，比最低木板高的所有木板的高出部分都是没有意义的，高的越多、浪费越大；其三，要想提高木桶的容量，就应该设法加高最低木板的高度，这是最有效也是惟一的途径。

我们可以很容易发现木桶和企业的共同之处，如果我们把企业当成一只木桶，而把企业经营所需要的各种资源与要素（比如资金、技术、人才、产品、营销、管理等）比喻成组成木桶的每一块木板，那么一个企业取得业绩的大小，则取决于企业资源中最短缺的资源和要素。换个角度说，在企业的销售能力、市场开发能力、服务能力、生产管理能力中，如果某一方面的能力稍低，就很难在市场上长久获利。劣势决定优势，劣势决定生死，这就是市场竞争的残酷法则。因此，企业要想做强、做大，必须关注“瓶颈”环节，不管是产品设计、价格政策、渠道建设、品牌培植、技术开发、财务监控、队伍培育、文化理念、战略定位，各个方面都要做到位才行。因为任何一个环节太薄弱都有可能导致企业在竞争中处于不利位置，甚至导致失败。

而且，随着市场竞争的加剧，许多企业也开始真正理解并思考该理论的实际作用。于是“木桶理论”也经过了众多的补充和演变，内涵也越来越丰满。以下是“木桶理论”引申后的几个推论：

1.“大木桶理论”

即木桶的储水量，还取决于木桶的直径大小。每个企业都是不同的一个木桶，因此，木桶的大小也不可能完全一致。直径大的木桶，其储水量自然要大于直径小的木桶。也就是说，一个企业在进入市场之初，它的起步也是不完全一样的：有的基础扎实，有的基础薄弱，有的资源面广，有的资源面窄，这都对企业最初的发展起到关键的作用。

另外，根据英国经济学家亚当·斯密在经济学巨著《国富论》中提出的绝对优势理论，我们还可以从另一个角度来理解它：每个人都是组成这个“大桶”的一块“板子”，类似的，每一个企业的核心优势产品都是社会化大生产这个大木桶上的“板子”，把他们有效地组合起来发挥每个个体的长处，就可以取得更大的整体效益。这个理论给我们提供了一种系统性、开放性的视角，打破了企业原来所普遍持有的狭隘生产思维，可以借助其他企业、甚至国外企业的优势要素来打造“木桶”。

2. “木桶斜放理论”

即木桶的储水量，还取决于木桶的使用状态。就是说将木桶向长板一方倾斜放置，比正着放置要增加更多的容量。这种认识好像有点强词夺理或者偷换概念，但似乎也自成一说。它启示人们：用人贵在用其所长。

对于企业来说，补短毕竟要加大投入，是件费力而不容易做到的事情，就是要在“用”上下功夫，扬长避短，甚至故意突出其长处，也许比一味弥补其短处更有效果。正如日本松下幸之助所讲：用人不求全，有 70 分的人才就好。

3. “木板互补理论”

即木桶的最终储水量，还取决于木板的相互配合。最初的理论告诉我们，木桶的储水量取决于最短板的高度。不过，在特定的使用状态下，通过相互配合，可增加一定的储水量，如为了暂时提升储水量，可以将长板截下补到短板处，从而提高储水量。

对于企业来说，通过适当截取长板来弥补短板的做法，比加大投入补短更为合算，因为前者成本几乎为零。这说明，只要企业立足于现有要素，科学管理、合理配置、优化结构，同样可以增加效益。

4. “木板密合理论”

这其实说的也是木板的相互配合问题。对一个木桶而言，如果木板长度都合适，但相互之间如果缝隙很大，同样无法装满水，或者说无法达到应有的容量。因此强调要注意强化木板之间的密合程度，防止水从缝隙泄露。

把这种理论用于企业，可以让我们充分认识到协作、沟通的重要性。也就是说一个企业的战斗力不仅取决于每一名成员的能力，也由相互之间的协作、配合所决定。企业的竞争力是由各种因素决定的，这些因素不但要均衡，更要紧密结合形成一个强大的整体，各部门、人员之间在各有所长、各司其职的基础上进行密切合作是非常重要的。

5. “木盆理论”

即木桶的储水量还取决于木桶的形状。中国 IT 界巨头同创集团总裁王荣之认为，如果我们没有长板，而只有许许多多很短的木板，但合起来做成直径很大的木盆，盛水照样比木桶多。

王荣之的木盆理念昭示人们，企业要发展，关键是要整合多方力量，集成合力、形成体系。正是因为这一理念在同创内部深入人心，也正是由于企业构筑了在国内 IT 界最为完善的市场营销体系，才使同创即使在遭受重创时，也没有如“瀛海威”一般出现领导层的集体哗变，其骨干力量保存得出奇的好，企业内部重组由此也出奇顺利。

6. “铁桶理论”

即木桶的储水量还取决于木桶的底部。桶为水而做，水因桶而立，一个木桶，即使是铁桶，无论其桶壁多厚多坚，只要在桶底有个米粒大的小眼儿，水必然流失，如果不加修补，这桶也就成了一个废物。对此现象，不妨称为“铁桶理论”。

古人说“一念之欲不能制，而祸流于滔天”，也是讲的“铁桶”底部不能有眼儿。对于企业来说，没有坚固的基础工作，必然会导致一事无成。现实生活中因忽视“铁桶”底板作用而导致全盘皆输的企业不在少数。这就要求在实践中能称作底板的比如企业的组织结构、规模、人才的自由度（若人不是自由的，体力、脑力、心力毫无意义）等，必须是稳定、坚固的。

《孙子兵法》云：“夫兵形象水，水之形避高而趋下，兵之形避实而击虚。水因地而制流，兵团敌而制胜。”经营管理同样需要掌握“水”与“兵”的特征，让产、供、销等环节协调同步，把“木桶”打造得坚不可摧。

二八法则：少数关键

二八法则，又叫帕累托法则、帕累托定律、80/20 法则、80/20 定律、最省力法则、不平衡原则等，是意大利经济学家帕累托的研究成果。

1897 年，帕累托在研究中偶然注意到一件奇怪的事情：19 世纪英国人的财富分配呈现一种不平衡的模式，大部分的社会财富，都流向了少数人手里。而且，令帕累托真正感到兴奋的还有，这种不平衡模式会反复出现，在不同时期或不同国度都能见到——不管是早期的英国，还是与其同时代的其他国家，或是更早期的资料。而且这种不平衡的模式有统计学上的准确性。帕累托从研究中归纳出这样一个结论：如果 20%的人口拥有 80%的财富，那么就可以预测，10%的人将拥有约 65%的财富，而 50%的财富，是由 5%的人所拥有。

在这里，重点不仅是百分比，更在于一个事实：财富分配的模式是不平衡的，而且这种不平衡是可以预测的。因此，80/20 成了这种不平衡关系的简称，不管其结果是否恰好是 80/20。

这一法则无时无刻不在影响着我们的生活，对于管理者来说更是意义重大，在国际上被公认为是企业经营法则。正如经济学家斯坦德尔所说："长久以来，帕累托法则 (80/20 法则) 就像一块奇岩般雄踞在经济世界，它是一个很实用的却又无法解释的法则。"

而这一企业管理法则之所以得到国际企业界的广泛认可，就在于

“有所为，有所不为”的经营方略。将 80/20 作为确定比值，本身就说明企业不应该面面俱到，而应当侧重抓关键的人、关键的环节、关键的项目、关键的岗位；企业家要想有所建树，就应当将企业管理的注意力集中到 20%的重点经营业务上来，采取倾斜性措施，确保重点突破，进而以重点带全面，取得企业经营整体进步。

具体来说，包括三方面：

1. 发挥“少数关键”员工优势

在企业中，往往会是 20%的员工为企业创造了 80%的财富。这就要求企业挖掘“少数关键”员工，并发挥关键员工的优势，借助他们的力量，带动企业所有员工，为企业创造良好的效益。

企业中的“少数关键”的员工，就隐藏在企业所有的员工中，要想将他们一一找出，并不是一件容易的事，这就需要企业的管理者有一双“明亮”的眼睛，认真关注员工在工作中的一举一动，对各个员工的表现做到心中有数；管理者还可以通过各种测试来评定员工的各项水平，如能力测试、操作技能测试、人格测试、兴趣测试等，来挖掘企业中的“少数关键”员工。企业挑选人才时不要将学历、证书放在选人的第一位，要唯才是举，广开才路，招贤纳士，才能找到企业中的关键人才。

仅仅挖掘出“少数关键”员工还远远不够，如果不能将“少数关键”员工整合起来，企业也只会变成一盘散沙，不能发挥团队的力量。企业管理者的责任应该是挖掘“少数关键”员工，并以此建立工作团队，发挥每一个关键员工的能力、经验、教训，创造出一个紧密、完整、协调的团队。企业在管理过程中，要注重对“少数关键”员工的培养，不断给他们提供锻炼的机会，让他们在工作中不断地提升自己、完善自己；对一些表现突出的员工要给予适当奖励，也可以对其进行提升，使“少数关键”员工的才能不断得到发挥；加强“少数关键”员工之间的配合与协作，以发挥“少数关键”员工的最大潜能，不断为企业创造效益，促进企业不断向前发展。

2. 加强“少数关键”客户服务

习惯上，我们往往认为所有客户一样重要，但事实是有20%的客户会为企业带来80%的收入。这就要求管理者尽量争取这20%的客户来拓展业务合作关系。这样做，不仅比把注意力平均分散给所有的客户更容易，而且能带来更大的收益。

既然这样，要怎样做才能抓住这些“少数关键”客户，找出我们经营的诀窍所在呢？下面有两点建议：

首先，是针对老顾客营销。若按新老客户为客户分类。无疑，你销售额的80%来源于那些20%的老客户。但由于受生产观念和产品观念的影响，很多企业总是把开发新客户放在首要位置，并力争于招揽新顾客。其实，这种观念是错误的，因为与新顾客相比，老顾客会给企业带来更多的经济效益。根据一项调查显示：若老顾客在所有顾客中所占的比例提高5%，对于一家超市，利润会增加35%；对于一位汽车推销员，利润会增加48%；对于一家银行，利润会增加80%。这一组数字，完全可以说明老顾客在销售中的重要作用。同时，老顾客还可以影响自己身边的人，包括家庭、朋友、领导和同事。这些人都可以成为潜在的顾客。所以，一些懂得80/20法则的公司，在开发新客户的同时，一定会更重视老顾客的利益，力争与他们建立长期、稳定的关系。

其次，是针对大量使用者营销。大量使用者往往只在所有使用者中占有20%的比例，但因为其消费量非常大，因而会占总销售量的80%之多。一项针对几种日用品消费情况的调查表明了这一点：在啤酒市场中，大量使用者和少量使用者的使用量分别占87%和13%；在香烟市场中，大量使用者和少量使用者的使用量分别占90%和10%。所以，企业应努力吸引大量使用者，而不应花费过多的精力去吸引一些少量使用者。一个很好的方法是你可以根据顾客的购买数量和频率，制定不同级别的奖励制度来吸引大量使用者购买，如设立不同等级的会员制度等。

3. 关注“少数关键”产品经营

当经营者对自己的产品和利润进行分析时，就会发现，80%的利润来自于20%的产品。即有些商品虽然只占营业额的少数，但利润非常的可观，其他大部分产品的利润十分微薄甚至还有一些产品，在分摊了费用之后出现亏损现象，这样就会发现商品和利润的关系永远不可能达到平衡，往往只占总商品20%的部分商品，所带来的利润却占了全部利润的80%；反之，剩余80%的商品创造的利润，仅仅占了全部利润的20%。这就要求企业管理者要善于发现经营中的招牌商品和占据着大比重营业额的商品。

其中，还有一个产品品质的问题，也要遵循“少数关键”的二八法则。因为产品品质的问题，一个公司常常会收到很多的退货。问题的关键就在于20%的瑕疵导致了80%的品质问题，因此，应该把主要工作放在寻找那“少数关键”瑕疵的来源上，抓住关键的点，全力克服解决，而不必要一次性将所有问题都摆在日程表上。

总而言之，你应该学会时刻关注那些“少数关键”，时刻提醒自己是否把主要的时间和精力放在关键的少数上，而不是用在获利较少的多数上。知名的企业，经营层都很注重运用80/20法则来指导企业经营管理，能随时调整和确定企业阶段性20%的重点经营要务，力求采用最高效的方法，使下属企业的经营重点也能间接地抓上手，抓到位，抓出成效。

手表定律：目标管理

手表定律是从一个“猴子捡手表”的故事开始的。

森林里生活着一群猴子，每天太阳升起的时候它们外出觅食，太阳落山的时候回去休息，日子过得平淡而幸福。

一名游客穿越森林，把手表落在了树下的岩石上，被猴子“猛可”拾到了。聪明的“猛可”很快就搞清了手表的用途，于是，“猛可”成了整个猴群的明星，每只猴子都向“猛可”请教确切的时间，整个猴群的作息时间也由“猛可”来规划。“猛可”逐渐建立起威望，当上了猴王。

做了猴王的“猛可”认为是手表给自己带来了好运，于是它每天在森林里巡查，希望能够拾到更多的表。功夫不负有心人，“猛可”又拥有了第二块、第三块表。

但“猛可”却有了新的麻烦：每只表的时间指示都不尽相同，哪一个才是确切的时间呢？“猛可”被这个问题难住了。当有下属来问时间时，“猛可”支支吾吾回答不上来，整个猴群的作息时间也因此变得混乱。过了一段时间，猴子们起来造反，把“猛可”推下了猴王的宝座，“猛可”的收藏品也被新任猴王据为己有。但很快，新任猴王同样面临了“猛可”的困惑。

只有一块手表，可以确切知道是几点，拥有两块或两块以上的手表并不能告诉一个人更准确的时间，反而会让看表的人失去对准确时间的把握。这就是著名的“手表定律”。

“手表定律”在企业的经营管理方面，带给我们的启发非常直观，那就是必须坚定一个目标。具体来说：

1. 必须围绕惟一的目标进军

在现代企业管理中，目标管理是必备的管理方法之一。如果你想成功，你就得锁定一个目标，努力去实现这个目标。这就好比猎人追兔子，好猎人只追一只兔子。如果猎人面前有好几只兔子，他不能专心地去追捕一只兔子，而是一会儿追这只，一会追那只，到了最后，也许他一只兔子也追不着。所以，对于经营一家企业来说，你也不能同时设置两个不同的目标，否则将无所适从。

企业的目标管理，首先由公司各级员工根据本部门和其他部门的工作要求，制定出各自具体的努力目标，然后根据各人的目标实现公司的经营目标。目标管理在实行当中的具体表现包括：指导和制定企业内部责任的书面计划；协调工作，相互配合，达到一体化；共同认可为之努力的工作计划和目标。一句话，公司只有围绕惟一的目标进军，才能把事情做好，否则将使这个企业无法发展。美国在线与时代华纳合并的失败就很能说明这个问题。

美国在线是一家互联网公司，企业文化强调操作灵活、决策迅速，要求一切为快速抢占市场的目标服务。而时代华纳传媒公司的企业文化，则强调在长时间的发展过程中，建立诚信之道和创新精神。两家企业合并，应该算是“强强联合”，但效果不佳，运行不畅。由于企业高层没有解决好两种价值标准的冲突，导致员工搞不清企业未来的发展方向。最终，时代华纳与美国在线的“世纪联姻”以失败告终。这充分说明，要“搞清时间”，有一块准确的表就已经足够了。

2. 必须坚定一个政策执行

在很多公司，老板的“思维”极其活跃，他们一天一个政策，一天一个创意，今天变革比较时髦，他们就抓公司的变革；明天目标管理比较时髦，他们就抓目标管理。往往一个政策才执行到一半，员工就被要求执行下一个政策，这样的企业只能使员工无所适从。很多员工在工作中，都曾经遇到过这样的情况：

“啊，老板，昨天不是说这样可以吗？”

“不是，情况有所改变，如果继续那样做的话，就不符合本公司的经营理念。”

“等等，老板，就算这计划的结尾部分出了点问题，但整个策略是按你的吩咐做的呀！”

“虽然如此，因为情况有变，所以……”

这就是明显的朝令夕改，朝令夕改只能让员工无所适从。

于是，有些企业的员工总结出这样的规律：老板第一次发布的某个政策，可以先不管他；第二次如果还强调这个政策，那么可以适当考虑去做；第三次如果再强调相同的政策，那么应该着手去办……如果员工整天揣摩上司的心理，而不是认真执行命令，怎么能保证政策的及时落实呢？企业又谈何发展呢？

3. 必须制定统一的管理标准

每个人都有这样的体验，当个人或给企业做决策时，我们总是觉得掌握的信息不够充分，于是急于寻找外部的建议和咨询，而且总觉得寻找的咨询人士越多，做出的决策就越科学。事实上，当各种建议从四面八方向我们袭来，我们顿时感觉大脑一片混乱，于是只能中庸地综合各种意见，做出一个让大家都满意但不一定合理的决策。当各种意见相左时，就像多余的手表一样，很容易使我们丧失做出正确决策的信心。因此，从科学管理的角度而言，一个员工不能由两个或两个以上的领导同时指挥，否则不但难以提高组织的工作效率，反而会带来管理的混乱，导致员工无所适从，降低了员工的工作效率。而对于一家企业，更不能同时采用两种不同的管理方法，否则将使这个企业管理出现“两张皮”现象，从而耽误发展，甚至危及生存。举个最简单的例子，比如考勤制度，领导规定所有员工八点半上班，可是经理却可以九点来上班，这就会让员工感到不满，产生消极的情绪，影响正常的工作。正如拿破仑曾经说过：“宁愿要一个平庸的将军带领一支军队，也不要两个天才同时领导一支军队。”

总而言之，在企业管理中，切忌有两套标准，不可以对不同的人有不同的限制。这只能说明企业管理者没有成熟的管理理念。要想让企业健康发展，首要的一条就是抓住一个合理的政策和管理理念贯彻到底。正如美国作家福斯迪克所说：“蒸汽或瓦斯只有在压缩的状态下，才能产生推动力；尼亚加拉瀑布也要在巨流之后才能转化成电力。而生命惟有在专心一意、勤奋不懈的时候，才可获得成长。”

皮格马利翁效应：软性投入

皮格马利翁效应又称“罗森塔尔效应”或“期待效应”。

皮格马利翁是古希腊神话中塞浦路斯国王。这个国王性情孤僻，常年一人独居。他善于雕刻，孤寂中用象牙雕刻了一座表现他理想中女性的美女像。久而久之，他竟对自己的作品产生了爱慕之情。他祈求爱神阿佛罗狄忒赋予雕像以生命。阿佛罗狄忒为他的真诚所感动，就使这座美女雕像活了起来。皮格马利翁遂称她为伽拉忒亚，并娶她为妻。

在这个神话的基础上，美国著名心理学家罗森塔尔和雅格布森进行了一项有趣的研究。他们先找到了一个学校，然后从校方手中得到了一份全体学生的名单。在经过抽样后，他们向学校提供了一些学生名单，并告诉校方，他们通过一项测试发现，这些学生有很高的天赋，只不过尚未在学习中表现出来。其实，这只是从学生名单中随意抽取出来的几个人。有趣的是，在学年末的测试中，这些学生的学习成绩的确比其他学生高出很多。这个实验也确实证明了期待是一种力量。

可是为什么期待心理可以产生如此大的作用呢？因为信任在人的精神生活中是必不可少的，它代表一种对人格的积极肯定与评价。每个人都有被别人信任的需要，而当这种需要得到满足的时候，人们就会感到鼓舞和振奋，就可以有更好的表现。

其实，皮格马利翁效应不仅仅是教育学中的一个神奇效应，更是一个重要的商业法则。

经营需要成本，这是不争的事实。一些企业经营者认为，我投入的越多，团队就应该越多地降低成本，为投资者获得更多的利润。道理也许非常浅显，但实际中远非如此。因为不论是行政单位还是企业，在计算成本时大都是计算一些人、物等看得见、摸得着的有形的东西，很少把一些无形的东西计算进去，其中，信任就是一个被遗漏的最有价值的成本。但实际上，在企业的所有成本中，除了硬性投入，一些软性的投入：如对员工的信任、尊重、关怀等等，也是影响成本的重要因素。

下面，我们就来分析一下，这些软性投入，也就是皮格马利翁效应对于企业的经营管理有着怎样的积极意义。

1. 引发员工积极努力的工作动机

动机，是人为实现一定目的而行动的原因。员工的工作动机，就是他们工作的具体表现。员工内在的本质是希望工作的，因为只有工作才能满足员工物质和精神等方面的需要。

要想引起动机，必须有内在条件和外在条件。内在条件是努力工作的需要，外在条件是诱因，诱因可以是物质的，也可以是精神的。例如，管理者对员工的表扬，就是一种激发员工努力工作的精神诱因，管理者对员工的物质奖励，就是一种物质诱因。而我们研究和讨论的“皮格马利翁效应”，正是立足于员工有努力工作需要的本质——引起动机的内在条件（需要），同时给员工关心、奖励、信任和赞美——引起动机的外部因素（诱因）。这两者紧密结合，就引发员工积极的工作动机。

皮格马利翁效应可以引发员工积极的努力的工作动机，随之就能引发员工努力工作的行为，指引员工朝着管理者期望的目标前进，并维持和增强努力工作的行为，强化工作达到管理者对他的期望目标。

2. 引发员工努力工作的“间接兴趣”

兴趣，是个体力求认识某种事物或者从事某项活动的心理倾向。兴趣是认识和从事活动的巨大动力。兴趣在人一切活动中起动力作用。根据兴趣的内容，可以分为物质兴趣和精神兴趣；根据兴趣所指向的目标，可以分为直接兴趣和间接兴趣。

皮格马利翁效应中，管理者对员工成绩的奖励和赞美，是从物质和精神这两个方面来引发员工工作的兴趣。而员工为了下次体验成功的滋味，再次得到管理者的赞美和奖励，他就会更加努力的工作，并尽可能提高工作效率，达到管理者对他的期望。

有些员工是在不断的成功后，对工作过程产生了“直接兴趣”，或者是在管理者的强调中了解到努力工作的重要性，引发努力工作的“间接兴趣”。这些都能引导员工向更高的目标前进，最后达到管理者对他的期望。在不断的“成功—赞美—努力—成功”的良性循环中，皮格马利翁效应的作用就变得越来越自然、和谐。所以说，兴趣是“皮氏效应”成功的后盾和强大动力。

而且，在现代企业里，皮格马利翁效应不仅传达了管理者对员工的信任度和期望值，使得员工能发挥最大的潜力，还更加适用于团队精神的培养。事实上，作为管理者所需要面临的最大问题就是如何将不同文化背景、处于不同经济地位、有着不同目标的人组合在一起，谋求共同发展；如何使各类人员积极性被充分调动起来，形成一股合力，这里必须要提到关于激励方式的问题。管理者也是普通人，你不可能独立去解决所有的问题，作为管理者最重要的职责是在整个团队中营造出一种家的氛围、激励部属想出绝妙办法从而解决问题。而皮格马利翁效应就是其中最有效的灵丹妙药。

我们一再强调“赞美”的效用，也许会有企业经营者因此而提出反驳：“照这样说，如果在对方犯错时也不加以批评纠正，怎样能使他知道错误呢？相信有时你也会采取一些严厉的手段才对。”

不可否认，当员工犯了对公司不利的过失，你是必须要使犯错的员工，知道同样的错误不可再犯。但是，这件事并不是责备、唠叨就可以使之心悦诚服地改正的。提醒你一点，员工会因赞美而意志坚定，责备唠叨却不能让他们发觉自己的缺点。因此，当工作效率降低，工作态度低落出现，不用去责备，只要说点鼓励性的话就行了。事实上，如果能够近距离接触到一个成功的管理者，你会发现他们往往非常注重对犯错的下属进行开导，他们会慎用批评、质问的语气，不会将目光锁定在下属的错误上。

总而言之，如果经营者能像皮格马利翁一样，坚信自己的每一位下属员工都是人才，都是千里马，都能够为公司做出贡献，并在与员工的接触中，有意无意地向员工传达这种信息。在这种效应的影响下，员工可能会给予经营者积极的反馈，按照领导的期望行事并最终达到成功。

250 定律：顾客至上

250 定律是美国著名推销员乔·吉拉德在商战中总结出来的。

乔·吉拉德发现 250 定律纯属偶然。在做汽车推销员时，吉拉德经常去参加亲朋好友举行的葬礼。时间一久，他发现每次参加葬礼的人数，一般都是250人左右。职业的敏感启发了吉拉德，他发现了一个赚钱的商业定律：“一个人一生中与其往来的大约是250人。”进一步的调查，结果证实了吉拉德这种推测基本准确，这250人可视为一个平均数字，或者说是一个人一生中最要好的朋友的基本数字。

基于这个定律，吉拉德对自己的工作进行了分析：假如年初的一个星期中接待了50位顾客，其中有2人不满意自己的态度，年终时，便有5000个以上的人不满意自己的态度。从事汽车推销工作14年，就有7万人会说，“不要到吉拉德那里买汽车”。

“只要你让一位顾客不满意，你将会失去250位或者更多的顾客。”这就是吉拉德的“250定律”。

这一定律有力地论证了“顾客就是上帝”的真谛。企业经营者必须认真对待每一个顾客，因为每一个人的身后都有一个相对稳定的、数量不小的消费群体。善待每一位顾客，你就点亮了一盏吸引更多顾客的明灯。尤其是随着产品同质化时代的到来，服务已经成了企业和商家取得成功的一个重要方面。服务不好，顾客就不会再上门，而且他会让周围的人知道这一点。服务好了，顾客不但会自己再次光顾，而且可能会介绍更多的人光顾你的产品。善待一个人，就像拨亮一盏灯，会照亮一大片。所以，一定程度上说，服务的胜利，就是竞争的胜利。

但是，现实生活中，还是有很多企业在服务方面做得并不好，他们往往口号喊得震天响，但实际上是“雷声大，雨点小”。例如在一些购物场所，我们经常可以看到墙上的“顾客至上”、“顾客是上帝”、“视顾客为亲人”等口号，但再看一看营业人员那冷若冰霜、没有一丝笑意的脸，完全感受不到任何热情和温暖。这对于企业的长期发展来说没有任何好处。一个企业要想获得成功，必须通过真正地实施服务策略，来提高客户的满意度。

1. 服务体系化

提升服务，首先要构建服务体系。要给服务部门以“名分”，不要再像以前那样提及服务“羞羞答答”；或说起服务一套一套的，但做起来，却又大打折扣。服务体系的建立，需要自上而下的重视。此外，还要给服务部门以合适的位置，应该把它提到与市场、销售、行政等部门相平等的地位，让大家都来关注服务。同时还要有部门职责以及具体岗位职责等，要抽调认真、负责、细致、谨慎等适合从事服务工作的人员，并制定具体的服务流程及标准。

另外，服务要想落到实处，除了体系、流程及标准之外，还需要有相关的配套规定及制度。没有制度，就没有执行。让大家清楚，完整地执行了企业的服务制度，是一种什么样的结果，没有按照服务流程及标准做，又会是一种什么样的结果。

拥有数十个连锁分店的丽思卡尔顿饭店就是一家以杰出的服务闻名于世的豪华饭店。为不失去一个客人，他们培训职员学会悉心照料客人和要做所有自己能做的事情的艺术。全体职员无论谁接到顾客的投诉，都必须负责到底，授权当场解决问题，而不需要请示上级。只要客人高兴，每个职员都可以花 2000 美元来平息客人的不满。因此，即使平均房费高达 150 美元，饭店的入住率仍高达 70%。

还有一点要注意，服务不是一个部门的事情，而是企业各个部门的事情，或者说是大家的事情。销售仅仅是营销部门的事情吗？不是，订单产生之后，还需要开票、生产、物流、客服甚至技术等部门的配合支持，只有树立全员服务意识，企业才能构建真正的核心竞争力。

2. 服务细节化

对于服务，不仅要做，而且还要努力做到位。很多事情，不是你做了没有，而是你做好了没有，做到位了没有。以中信银行和深圳航空给客户过生日发送的祝福短信为例。中信银行——“尊敬的翟先生，感谢您一直对我行的关注与支持，据您提供的资料，我们在这特别的日子里为您送上诚挚的问候，祝生日快乐。”深圳航空公司——“尊敬的翟永凯先生，深航得知今天是您的生日，我们用飞机把幸运、祝福快递给您，祝您生日快乐，身体健康，阖家幸福，深航期待与您再次共享空中之旅！”

我们可以很清晰地感受到：深航的服务更到位一些。首先，中信银行仅仅是“翟先生”，而深航却提到了客户的名字，这个名字可以说是世界上独一无二的，而能够记住一个人的名字，是对一个人最大的尊重；其次，中信银行有一句“据您提供的资料”，这显得有些唐突和生硬，而深航的却是“深航得知今天是您的生日”，后者给人释然和舒心之感；最后，深航的短信与行业结合得温馨而紧密，“我们用飞机把幸运、祝福快递给您……深航期待与您再次共享空中之旅！”

所以，服务工作不仅要做，而且还要做好、做精细、做到位、做别人所未做。

3. 服务持续化

只有持续的服务才具竞争力，但是很多企业在这方面做得往往不是很到位。比如说客户刚来的时候，说想代理或购买产品，营销员就一脸灿烂，非常热情、非常友好；但当客户说回去再考虑考虑的时候，营销员就马上“晴转多云”，换成了一副冷面孔。这就是服务没有持续、虎头蛇尾，缺乏善始善终。要知道，这次客户不买，不代表下次不买，也不代表他不推荐亲戚、朋友购买，因为一次不持续的服务，有可能断了一条未来的财路。

以长期领跑国内洗衣机销售业绩的江苏小天鹅集团为例，它之所以长期保持全国同类产品销量第一的位置，除了产品的质量和多样化以外，最重要的一条就是它向顾客提供完善的服务。小天鹅集团经过多次市场调查，得出了一个环比公式：服务好一个老客户可以影响 25 位潜在的消费者，这其中有 8 人可以产生购买欲望，有欲望的 8 人中有 1 人会成为实际的购买者。所以，服务好一个老客户，就会产生 1 个新客户，这中间还不断地产生 25 个潜在的客户和 8 个准潜在客户，依次交往循环。在看到了服务老客户的重要性后，小天鹅集团提出了“服务第一，销售第二”的口号，推出了著名的“12345”服务规范和服务承诺。正是有了这一系列的服务策略，才成就了小天鹅的今天。

综上所述，顾客才是企业赖以生存、发展的真正基础。当今世界经济迅猛发展，商品日益丰富，同类产品竞争对手日益增多，使广大消费者的眼光精益求精，消费者的地位日趋显赫，稍有不慎，潜在的顾客便失去。顾客越来越清楚，在买与不买、买多与买少的抉择上，他们有生杀予夺的权力。为此，现代经营者提出“用户至上、信誉第一”的口号，就是向客户提供全面满意的服务（包括物质需求和精神需求），这是树立企业形象和提高企业信誉最有效的方式。

第三章　不得不避免的商业错误

好创意≠好生意

几乎有志成功创业或准备建立自己企业的人们，第一个需要思考的问题就是要干什么。然而，现实是有想法、有创意、有点子的人很多，但真正能成功的人却很少。原因就在于一个好创意并不等于一个好生意，如果他们按创意草率创业，就很有可能会落入陷阱掉入深渊。

1. 没有进行充分的可行性调研

一些新颖想法，尤其是一些“大想法”，它们似乎拥有某种魔力，非常容易令人兴奋。而这往往遮蔽了人们的眼睛，让人失去了基本的判断力，非常仓促地投入创业之中，而根本没有投入足够时间对商业项目的可行性进行调研，这是最重要的错误，十有八九的好创意是因为没有可行性而失败的。

因此，当你有了一个奇思妙想时，你首先要问问自己，为什么别人都不做这件事？通常，会有一个非常残酷的答案等着你。如果你能找到这个答案，就能避免将来更大的痛苦。其次，你还需要有人在你开始一宗生意时对你的构想提出疑问。通常，一个人有了构想时会将其讲给合作者或家人听，不过，他内心并不希望找寻事实真相，而是希望有人对他给予认可，并把真相放在一边。这时，你更应注重听取别人的意见而不是寻求别人的肯定。最后，你还需要对市场前景做好调查、策划、运筹等充分的准备工作，这是万古不渝的真理。不要在实际执行时，才发现创意不容易产品化；或者找不到合适的供货商来制造；也可能是没有合适的通路来贩卖，甚至找不到顾客来购买。

2. 乐观估算市场规模及销售额

市场规模的估算对于企业运营至关重要，但多数缺乏经验的创业者往往是还没有分析将有多少顾客就急于开始一宗生意，而结果大多是需要企业承受过剩的库存——计划卖出 100 万件产品，但却只卖出了计划的 2%。

无数事实也证明，如果要将你的好创意变成好生意，对市场规模的估算必不可少。比如，你想要提供一项家庭服务项目，就应先调查一下居民对这种项目的了解和需求程度，需求量有多大，有无其他公司也在提供类似的服务项目，市场占有率是多少，等等。

另外，错误估算市场规模的同时也就错误估算了销售计划。创业者没有时间等待市场成熟，将成本预算制订得很低也是致命伤。

3. 过分追求成长的速度和宽度

有时，大量机会让创业者找到了企业的掘金点，但最后还是没能把好创意变成好生意，其中一个重要的原因就是急于求成。

一开始就喜欢把“摊子”铺得很大，是很多创业投资者的共性。要知道，企业在创建以后，成长是一个必经的过程，然而过分追求成长的速度却无异于拔苗助长。企业的发展，必须与其控制能力、团队能力、生产能力、后续产品替代能力、资金、合作伙伴一起配套成长，但许多创业者往往把“摊子”铺得过大，缺乏风险防范，见利就忘了潜在的危险，最后导致企业只能是昙花一现。

当然，这些创业者并不是不知道快速扩张的危险，只是，在经济快速增长的时候，人们容易信心“超支”，对未来估计过于乐观，藐视风险，从而形成投资泡沫，一旦有风吹草动，泡沫瞬间破灭，经营者就会陷入危局和困境。而且，快速扩张还有一个后果就是让你的公司和产品在市场中失去自己的特色。很多公司希望抓住所有的市场机遇，它们的摊子铺得太大，以至于失去重点，也没有在市场中形成一个自己的品牌。

其实，投资者应从风险与收益平衡的角度考虑企业的投资导向，选择合适的投资项目，并且将投资规模控制在适度的范围内。在具体投资时，应将资金分批次、分阶段投入，尽量避免一次性投入，应留有余力，以防万一环境变化、风险发生，手中再无资金可以周济，以致满盘皆输。

4. 缺乏止损计划及转让策略

计划永远赶不上变化，纵然你开始的预计比较现实，但在开始一宗生意时总会有始料未及的事情发生，也许销售情况不佳，也许银行利率变化，也许运费计算错误，又或者是销售不如预计等等。遗憾的是，多数人在总金额和所需时间方面都没有备用计划。

因此，你在头脑中对生意一定要有一个长远的计划，这个计划可随时间而变化。在将来你决定是否接受新产品或新市场时，做长远打算将变得很重要。这时你还应有一个转手计划，不管经营好坏，都要做一个转让策略。例如你希望在两年后做另一宗生意，或者在两年后卖掉你所经营的公司。为了能将公司卖给一家跨国公司，你要准备好所有的证件，你的产品应具有较高的质量。不要忘记，一个好产品也可成为一项事业，而一个坏项目可能是个泥沼。

说到现在，如果你依然坚信自己，那么再思考最后一个问题：你愿意为此付出多少努力？据美国劳动统计局数据显示，1998 年至 2005 年间，只有 2/3 的新生小企业在他们创业的头两年中幸存了下来，而仅有 44%挺过了 4 年——这仅仅是生存，并非成功。如果你还没准备好为你的新创意付出一切那么就算你的想法再好，也不值一提。

计划力≠执行力

当前，很多企业经营者一谈到业务发展，就是目标种种、计划重重、策略多多，真正实施起来，却没有一样取得成效，究其原因，曰：执行力不足。执行力不足原因何在？当然原因有很多，但有一点最重要，就是“纸上谈兵”。

纸上谈兵，不仅仅是商业上最严重的错误，而且还是最普遍的错误。洛杉矶创业公司加速器 MuckerLab 的联合发起人威廉·许就曾说过：“很多团队领导写得一手好计划，把商业模式说得头头是道，可是他们也仅仅就会这些。他们觉得开一个公司的关键就是有一个好的计划，但事实上，创业是一件摸着石头过河的事，只能走一步看一步。这是不是意味着就不需要向前看了？也不是。只不过创业者需要放下教条主义，去认真考虑公司的战略眼光或者发展方向问题，但是没必要把这种考虑写成一份40页的商业计划，你有这个时间，倒不如去听10个用户的诉求。”

其实，无论是企业管理方面的专家，还是奋战在商场第一线的CEO，越来越多的管理者已经认识到了企业执行力的问题。那么，如何才能将计划变成行动，避免“纸上谈兵”的错误呢？

1. 形成立即行动的好习惯

创业者最容易染上的可怕习惯，就是一件事情明明已经计划好、考虑过，甚至已经做出决定了，却仍然畏首畏尾、瞻前顾后、不敢采取行动。对自己越来越没有信心，不敢决断，终于陷入了失败的境地。他们虽然在周密、工整的计划中获得部分满足，但是如果不能将计划变为行动，在若干年后看到这个计划只会感到深深的失落，尤其是当同时起步的朋友已经实现了梦想的时候。

其实，他们也并不是不想行动，只是想过一段时间再开始，一直在拖延行动，这样一晃就是一生。而那些实现了梦想的人，成功的秘诀就在于，形成立即行动的好习惯。

要形成这一习惯，你首先要树立自信。

一件事情还没有去做，谁也不知道困难程度有多大，会有多少预料之外的事情要发生，这时就要有绝对的自信，相信自己有能力战胜任何困难，应付各种各样的复杂问题。一个目标明确、胸有成竹、充满自信的人，绝不会把自己的计划拿出来与别人反复讨论，除非他遇到了比他见识高得多、比他能力强得多的人。他有主见，迫切需要行动。不会在徘徊观望中浪费时间，也不会在挫折面前气馁。只要做出了行动的决定，就勇往直前。

要形成这一习惯，你还要不惧担当。

很多时候，行动之所以那么难，就是因为行动往往意味着要承担一系列的责任。不要害怕承担责任，要立下决心，你就一定可以承担正常经营中的任何责任，你就一定可以比别人完成得更出色。世界上最愚蠢的事情就是推卸眼前的责任，等待"时机成熟"。所以在需要承担重大责任的时候，应该马上承担它，此时此刻就是成熟的时机。如果不习惯这样做，即使将来的条件比现在更好，你也不敢肯定时机是否成熟。这样，就什么事也做不了。

要形成这一习惯，还有一个好方法，就是强迫自己做一次。

经常听人说："我知道今天该做这件事，但是今天我情绪不好、状态不好、条件不好，这样那样不好，这件事肯定做不好，还是以后再说吧。"于是他开始拖延。他把该做的事放在一边，去做那些比较容易、比较有趣的事。这件事也许比较乏味、比较难，但是，一件事值不值得做，不在于它能带来多少乐趣，而在于它对人格发展、自我完善的作用。正如成功大师卡耐基所说："没成功之前要做与成功有关的事情，成功之后才可以做自己喜欢的事！"你只需要强迫自己做一次，就能找到行动的感觉了。一件看起来很难的事情，有时候只需要几分钟就可以开个头，就能让你进入行动的状态，踏上成功之路的第一步。

2. 对企业流程进行优化管理

企业规模无论大小，流程无处存在。企业流程简洁与否、效率高低如何，直接影响到企业执行力是否到位。对企业流程进行优化管理是一种非常有效的方式，能够清晰地将战略意图转化为可执行的流程。

企业流程管理就是对涉及多个部门或多个岗位的工作衔接与责任岗位进行准确界定，不论大企业、小企业，都可以实施流程管理来提高企业效率。即对流程进行优化，减少可有可无的环节、砍掉没有价值的活动，让企业所有活动、所有成员指向企业价值增值的领域、指向企业价值增值的目标。

虽然“纸上谈兵”是必要的，但最终起决定权的还是“实践”。很多企业经营者都会先制定制度，然后才会考虑所谓的流程。在这个过程中，不难发现公司的很多流程都是从制度衍生过来的，查看流程的同时，可能需要进一步查看来源制度。那么，怎么样让流程的展示更加全面，避免断章取义？流程直接与制度结合，查看流程时就可以快速查阅制度。并且要实现“透明化”，在流程执行过程中，如果员工遇到问题可马上发布改进建议，流程管理员可以第一时间查询并处理意见，这样就会保证同样的问题不会出现第二次，节省了企业劳动力。

而当企业所有成员都自觉地从时间、成本、效益诸方面考虑工作上的投入、考虑上下环节的衔接、考虑活动的最终目的达成，这时候就可以说，人是主动的，流程是活的。企业的运行变成了一个有机的整体，各岗位间如高速运转的齿轮，紧密相连而又互相配合。高效益的企业也是流程高效的企业。它打破了传统的等级管理体制，打破了层层请示、层层传递，主张流程衔接的每一个岗位员工一次就把事情做对，因而它能实现对顾客需求的快速反应，进而保证企业的市场竞争力。

在每个企业发展的过程中，总会有大好时机的来临。而能否抓住机会，能否成功，要看是否在积极行动。作为管理者，如果发现了好的机会，或已经有了好的战略计划，就不要再等待，只有行动起来，才能提高企业的执行力，带领企业不断前进，不断取得胜利。

坚持到底≠一味固守

大多数白手起家的创业，都会遇到比较孤独，比较难熬，没有生意，没有收入，每天看着压在手里的货，只有支出，没有进账等的情况，这时候一定会比较着急上火。许多人都熬不住，创业往往在寂寞中消失。而许多成功的人，他们一定会告诉你：成功的前提就是坚持！

坚持就是胜利，这是个并不神秘的秘诀。不论做什么事，不坚持到底，半途而废，那么再简单的事也只能功亏一篑，相反，只要有锲而不舍、持之以恒的精神，再难办的事情也会迎刃而解。任何伟大的事业，成于坚持不懈，毁于半途而废。其实，世间最容易的事是坚持，最难的也是坚持。说它容易，是因为只要愿意，人人都能做到，说它难，是因为能真正坚持下来的，终究只是少数人。

但是要注意的是，这里所说的坚持是一种处于困境仍坚持不懈地去追求，去实现梦想的精神，绝不是提倡在错误的道路上一条道跑到黑。因为一味固守的结果很可能会让你损失更大，严重的甚至可以将一个企业推向倒闭的边缘。

但是，如何才能区别自己是在坚持不懈还是在一味固守呢？

其实，它们在过程上并无严格区别，都是对设定的目标坚持到底、孜孜以求，它们的区别定在结果上。因此，企业在遭遇危机的时候最需要的就是保持冷静的心态，正确对待危机，在险境、困境、逆境面前万不可糊涂乱来，草率从事，盲目冒进。如果方向正确，遇到的并不是致命问题，只是前进道路中暂时的困难，就一定要坚持下去，只要努力，总会柳暗花明又一村；如果你的决策本来就是拍脑门决策，或是客观环境发生重大变化，或是遇到不可抗拒的危机压力，这时你已无力挽回，就应该壮士断腕，毅然结束。这时候的坚持就是固守，你必须明白的道理是：止损就是盈利！

另外，即使坚持下去，你也应该避免过于坚持原来的计划，因为它可能是错误的。大多数成功的初创公司，最后做的都不是他们刚开始计划的——而且差别往往很大，以至于你很难把他们同最初的公司联系起来。在创业的过程中，你应该准备好接受任何更好的主意，而最难做到的就是放弃你已有的想法。

具体来说，企业经营者在坚持的过程中，应该注意以下几点：

1. 战胜“沉没成本”干扰

人们在做决定时，总是习惯于证明以前的选择是正确的，即使以往的选择有明显的错误。这种过去的选择及为之付出的努力，就成为“沉没成本”。大多数人都不能摆脱它带来的心理折磨，现实生活中，这种为了追回沉没成本而继续追加投资，导致最终损失更多的例子，比比皆是。摩托罗拉公司的铱星项目就是沉没成本谬误的一个典型例子。摩托罗拉为铱星项目投入了大量的成本，后来发现该项目并不像当初想象的那样乐观。可是，公司的决策者一直觉得已经在该项目上投入了那么多，不应该半途而废，所以仍旧苦苦支撑。但是后来事实证明该项目是没有前途的。最后摩托罗拉公司只能忍痛接受了这个事实，彻底结束铱星项目，并为此损失了大量的人力、财力和物力。

对于企业经营者来说，当发现过去的决策有很大缺陷的时候，往往会产生“鸡肋情结”——已投入的项目似乎食之无味，但又弃之不甘，陷入骑虎难下的两难境地，违心地“将错误进行到底”，并抱着侥幸的“扳本心理”试图挽回投资。其实，在复杂的市场当中，投资决策的失误是难以避免的。管理者应该避免将错就错，一错到底。不要因为存在沉没成本而影响了你的理性决策。你仅仅需要考虑某件事情本身的成本和收益，至于以前和这件事情相关的成本，是不应该考虑在内的。因为不管“沉没”的是什么，又有多少，对未来而言，都已经没有意义。彻底放弃那些沉没的东西，才是最明智的选择，才是智慧的体现。

在管理工作中，为了有效规避“坚持到底却不能取胜”的胶着情形出现，防止产生沉没成本，企业经营者应该及时做好以下几个方面的事情：

第一，对重大事项成立专案小组，或借助外部专业咨询机构专业评估。凡事预则立，不预则废，我们在做一件事之前，要进行周密的谋划，特别是一些重大项目的立案，更应做好评估。有了充分评估后的可行方案，才能有效预防失败发生，避免产生沉没成本。

第二，执行中发现存在问题，要及时调整策略、方案，而不要一意孤行。当经营者发现过去的决策有很大缺陷的时候，试图挽回投资的行动往往会让人陷入“当局者迷”的状态，所谓“不识庐山真面目，只缘身在此山中”。管理者可以请局外人或专家站在第三方的客观公正立场上，重新评估决策方案。只要发现方案不值得继续下去，就要果断地叫停，尽快“停损”，避免造成的损失越来越大。

第三，减少投资风险和沉没成本。用“拿钱买教训”、“交学费”等观点来看待沉没成本是片面的。从减少沉没成本的角度来看，通过合资或契约，采用非市场的管理结构等，对减少沉没成本都是十分有利的。因为非市场的管理结构，能为交易提供更有效的保障，可以最大限度地减少投资风险；而在现代企业经营中，技术合作、战略联盟，已经成为重要的趋势，其内在原因，就包含了分散技术开发和市场拓展风险、减少沉没成本方面的考虑。

2. 打破“思维定势”障碍

在很多管理工作当中，每当碰到一个问题时，一些管理者爱说：“当初某某市场我们就是这样做的，这个市场这么做也一定没有问题。”这就叫经验主义，本质就是定势思维。

然而，思维定势对我们做事情既有好处，也有坏处。思维定势的好处是，在认识事物或从事一项活动时，可以根据过去的经验，迅速地认识类似的新事物，或者达到自动化和比较熟练的程度，这样可以节省我们很多精力和时间。思维定势的坏处是，有时情况发生变化了，新的情况可能需要新的方法来解决，如果我们被定势思维束缚，抱残守缺，固步自封，拿老办法解决新问题，就很容易陷入困境。这是失败的经理人最常见也最危险的特性。

在管理工作中，必然会遇到一些新问题、新情况。能否打破陈规旧俗和一切束缚人们前进的旧传统、旧观念，能否适应新情况、解决新问题，是决定管理者能否客观有效领导的一个重要问题。拿星巴克的一个例子来看：

作为咖啡店来讲，想大范围的推广是非常困难的。因为即使是同一种咖啡，如果调制比例不同，其味道也会有差异。不同的咖啡调制师做出来的咖啡，味道也不尽相同。因为咖啡的调制是有特定方法的。但是一般来讲，咖啡调制师都是根据自己的经验和感觉来调制，因此想要咖啡的味道达到标准化，有很大的困难。就算在同一家咖啡店，不同的咖啡调制师做出来的咖啡味道也有可能不同，更何况要让那么多家店的咖啡都保持同一种味道，其难度可想而知。有困难不怕，怕的就是固守陈规，按照常规的思维去办事。星巴克恰恰没有这样，他们凭借企业独创性的思维和独特的经营方式，取得了良好的效益。并迅速抢占了咖啡店在世界的市场。这个方法就是：在咖啡杯上标出原料配比刻度。只要有了刻度，咖啡调制师就可以按照标尺调制咖啡，而咖啡的味道的标准化自然就能实现。例如在调制冰咖啡时，第一标线是牛奶，第二标线是咖啡，最后是冰块，等等。因为有了这个办法，世界各地的咖啡店调制出的咖啡味道都能达到一致的目标。顾客无论在哪里都能品尝到自己喜爱的同一口味的咖啡。

具有开拓创新精神是对管理者的基本要求。正如星巴克董事长霍华德·舒尔茨所说：“我们喜欢打破常规。”管理者在企业危机面前，一是要突破传统的小生产的狭隘境界，树立面向现代化、面向世界、面向未来的全新的战略眼光。二是要高瞻远瞩，要和因循守旧、思想僵化决裂，勇于进取。只有这样，你的坚持才有意义，你的坚持才能最终带来胜利。

3. 突破“自我辩解”心理

在做出决策之前，一个人会尽可能地广泛收集各方面的信息。在做出决策之前，他都是理智的，不带任何偏见。可一旦做出了决策，他就不再去寻找客观信息了，而会尽量证明他选择的对象是十全十美的，而他放弃的对象又全无可取之处。

管理者的每一个重要而又比较困难的决策的做出，也必然经历了上面所说的认知上的不协调。在决策中有多种方案可供选择，而通过决策选定的方案，可能存在着某种缺点和不足，那么，这就同“决定采用这个方案”发生认知上的不协调。决定放弃的其他方案，同“这些方案还有某些可取之处”也发生了认知上的不协调。为了减少不协调，管理者就会产生自我辩解心理。它使管理者会夸大自己选定的方案的优点，缩小其缺点，不愿获取对自己所做决策的不利信息。因此，某项决策一经做出，管理者往往只愿听赞成意见，不愿听反对意见。

实际上，任何一个决策方案都不可能没有缺陷，都需要在实施过程中不断完善。自我辩解心理则会妨碍决策方案的修正和完善，直接干扰决策的优化。特别是那些自我辩解心理比较强的管理者，明明在决策方案的实施过程中已经看出错误，也绝不肯改正，结果只能给工作带来更大的损失。

“兼听则明”，是指为了避免在做决策时“自我辩解”，管理者要面对员工敞开言路，倡导他们就公司经营管理提出见解。应通过建立良好的沟通机制，让员工能讲真话，敢讲真话，爱讲真话。这样才能让公司及其管理者认识更加全面，得知自己所忽视的问题以及制度设置中存在的缺陷，从而促进管理得到完善和提高。

总而言之，“坚持到底就是胜利”，这是建立在正确决策方向的前提下的，而不是毫无缘由的坚持。当无法挽回损失时，你能逃离这个越陷越深的泥潭吗？一味固守，那样只会是徒劳无效的。路是否正确，绝大部分人只能后知后觉。但不要忘了还有很重要的一点是，你要善于总结所失所得，不要白白付出，至少吃一堑长一智，下次避免更大的损失也是好事。它的价值就在于：你经过了这些事情和付出了很多的时间后，你成为了智者！

人性化管理≠人情化管理

在企业经营者们不断探讨对员工采用何种管理方式最有效的话题时，“人性化管理”一词的被提及率越来越高。不过，在学习和实施人性化管理的过程中，众多企业都很难避免掉进人情化管理的陷阱。带来的直接后果就是：大多数员工在上班时间浏览与工作无关的网页，打游戏等现象屡禁不止；每次发工资时大家都很积极，可做起事情来就拖拖拉拉……

在轻松、愉悦的环境里，员工为什么不但没有积极工作，反而效率下降了呢?

显然，在人性化管理的征途上，这些企业迷失了方向。人性化管理也就慢慢地坠落，成了放任管理、人情管理，甚至，仅仅是一个幌子。说到底，抛弃了制度化的人性化管理事实上是企业的一种人治行为（即人情化管理），并不是人们常说的人性化管理，一切行为措施没有相关的标准控制，没有相关的法规监控，一切以人的主观意识为准则。而作为管理的对象——员工，是有惰性的，必须有相应约束及压力才能产生动力，所以有没有严格的公司制度作为管理依据，最终产生的结果当然会不一样。

那么，如何才能正确运用“人性化”管理一个企业，而不是陷入“人情化”陷阱呢?

1. 制定制度，以人为本

人性化管理首先体现了一种“以人为本”的精神，即要重视企业内外最重要的“资源”——人，企业的员工才是第一位的。所以现代企业最重要的是如何管理好员工，只有让员工生产出好的产品，搞好市场营销，做好售后服务，方能实现“消费者是上帝”这一理念，而管理员工的最高境界就是人性化管理。由此可见，“民主管理，尊重人性”是人性化管理的核心。企业真诚而宽容地对待员工，让员工参与企业管理，关心每一个员工（包括关心员工的生活、事业等），才能赢得人心，才能调动员工的积极性，使他们与公司同舟共济，患难与共。

因此，企业制度的制定，必须“以人为本”，必须尊重员工的人格、尊重员工劳动、尊重员工的个人利益。若要实现企业价值最大化就必须以实现企业员工的个人利益为前提。只有在充分尊重员工的基础上，才能博得员工对管理阶层的信任感，强化员工的忠诚度。但问题的关键在于任何事情都是两面的，如果企业一味强调人性化而没有制度的约束，企业员工就会处于涣散状态，毕竟并不是每一个人都愿意与企业同舟共济的。成功的企业会通过规章制度来营造一个和谐的工作氛围，让员工觉得自由宽松，积极向上。

（1）公平。公平的工作环境对员工而言是非常重要的。因为有公平作为前提，员工才能安心做好自己的工作，踏实地为企业服务。公平体现在各个方面，绩效考核、晋升机会、竞聘上岗等都需要有公平的氛围。在公平的工作环境中，企业才不会有勾心斗角、暗箭伤人等事件发生。

（2）自由。企业里的每一位员工不仅希望有公平的工作氛围，同时也希望有一个自由开放的工作环境。给予员工一定自由度，让员工有充分发挥能力的空间，给予员工充分的信任和授权，放手让员工自主完成任务，就能够使员工对工作充满热情。不过，前提一定是管理者在授权中将监督和指导结合起来，形成大权集中、小权分散的局面，这样才能更有效地发挥权力的作用。

(3) 尊重。员工只有得到了尊重，他们才会真正感受到被重视，被激励，做事才会真正发自内心。国内外的一些优秀企业，将人才视为企业最珍贵的资源，充分尊重人才。例如，东芝的重担子主义就非常有名：要尊重人就应委以重任，谁拿得起100斤，就交给谁120斤的东西。东芝推行“重担子主义”和“适才适用”的用人路线，从而使企业繁荣昌盛，历久不衰。

(4) 真诚。管理者与部下之间，彼此真诚相待是至关重要的，是工作开展的基本前提。

有了真诚相待，互相信任也是很关键的。管理者信任员工，员工信任管理者，员工之间也相互信任，彼此进行融洽的沟通，相互了解工作中的相关信息，这样可以更好地改善工作。

2. 功过赏罚，运用自如

追求快乐、逃避痛苦是人最基本的本能反应。鉴于此，人性化管理者激励下属的制度要分别设计奖励和惩罚两种手段，奖励是一种激励性力量，惩罚是一种约束性力量，管理者在奖励和惩罚之间，要运用自如。如果你十分重视奖励制度，却冷落了惩罚制度，那么，必然达不到效果。

不过，惩处过宽，不足以制止不良行为；过严，又与人性化冲突，会造成逆反心理。那么，如何惩罚才能体现人性化就是一个难点了。技巧是：

(1) 惩罚有据。管理者对人对事，该宽该严，都不能从自己的主观好恶出发，更不能感情用事，必须做到：奖赏以功绩为依据，惩罚以过失为依据。即管理者在实施惩罚前，必须依据有关组织纪律的条例，让下属明确自己的行为触犯了哪些行为准则和禁界。而且，必要的处罚做出以后，还要把思想工作跟上，让其真正认识自己的错误，使其增强改正错误的决心和信心，并为其改正错误创造条件。

（2）说服为主。即对下属进行惩处，要强调帮助，以说服为主，以处分为辅。惩处实际上就是施加压力，当压力达到一定程度后，要辅之以说服，以减轻压力，轻装前进。说服能够加深受处分者认知的不协调性，即加深对所犯错误深度的认识，转变其态度。而说服过程中的感情力量，更是促使受处分者改正错误的有效促进剂。

（3）重举轻放。揭发错误、批判缺点的目的，好像医生治病一样，完全是为了救人，而不是为了把人整死。管理达人松下幸之助有个经验叫“重重举起，轻轻放下”。即除了对影响很大、很坏的过失需要严肃处理外，在一般情况下，应该从轻处理。另外，惩罚还应该从发现事情的苗头开始，及时“杀一儆百”，处理从速，防止事态扩散。

（4）情罚交融。即以不丧失原则为前提，对有过失的下属，也要尊重、理解，要关心他们的实际生活，为其排忧解难，让其充分体会到组织的温暖。也就是说既要讲人情味，又不能失去原则性。下属受处分以后，可定期由本人申请，集体评议，确实改正了错误，表现较好，可以撤销处分，返回全部或部分扣罚的奖金，给受处分的人以挽回面子、改正错误的机会。

所以，企业经营者应该认识到，人性化固然是一种必需，但制度管理才是一个成功企业的根本。任何企业，无论其规模大小，人员多少，都应该有相应的管理制度，对其日常经营活动加以约束。没有制度，只会使企业陷入混乱而无序的困境，阻碍企业的正常发展。

总而言之，一个企业想要持续正常有序的运营，并取得良好业绩，公司的领导或领导集体必须正确对待制度化管理与人性化管理。既要时刻严抓制度化建设，使之符合本企业的需求；又要将人性化管理落到实处，使员工既不会因为公司的制度管理或工作压力而产生抵触、摩擦的情绪，又不会因为过于优越的人性化管理而心生懈怠。

重复成功≠持续成功

传统观点认为，经历越丰富，经验就越足，做起事来也就越得心应手。但为什么我们常见到从失败走向成功的例子，却很少见到持续保持成功的例子？

实际上，过去的成功会为现在及未来种下困难的种子。在现代高速的时代，产业变化、技术变化、异业竞争、需求变化都在以加速度的状态发展与改变，很少有哪一种成功经验能长期奏效。我们所拥有的核心能力或技术，若未能以更宽广的心灵，跳脱出自己原有世界观的局限与束缚，就不容易在快速发展与改变中掌握先机。若是我们还停留在既有的成功架构中，盲目重复以往的成功经验，就很可能是在为自己挖就了停滞不前的陷阱，就要面对被快速淘汰的命运。

当然，重视经验也是重要的，但不能偏信经验。有些管理者总是认为自己的经验最有说服力，但是过于夸大自己的经验，本来有用的经验法则就会成为决策的障碍了。

既然如此，那么怎样才能摆脱“经验陷阱”，获得持续的成功呢？

1. **放弃以自我为中心**

迷信经验、被经验主宰的管理者在决策时，要避免以自我为中心。只有放弃以自我为中心，你才能避开经验的偏差，做出正确决策。

下面这简单的三个步骤可以帮助你不被任何经验、习惯所制约。首先，成功时不要头脑过热。当你在某些事上功成名就时，要老老实实想清楚，你的哪些行动对你的成功有所贡献。在你作评估时，哪些做的不好的可要求其他的人协助。其次，当你失败时，避免找理由下台阶。如果在你的失败中夸大厄运的重要性，那你会错失一次在你全部专业生涯中最重大的机会之一——在非经历不可的失败中学习的机会。当你从令你不快的决策中获得反馈时，要与其他人讨论其重要性。研习你为未来所制作的模拟情境，决定它们是否该改变。最后，借助于做重大决策时所记录下来的期待事项，来尽量减少预料后事的偏差效应。然后将真实的结果与期待中的相比较，考虑你该从中学到些什么。

2. **敢于创新，脱离传统思维**

由于项目过于复杂，经营者要在短时间内做出大量决策，甚至同时兼顾多个项目。这就使其之前获得的经验、教训价值不高。这时，如果再一味依赖旧有的经验，而不会审时度势，只会使项目变得愈加复杂。因此，在新环境下质疑旧经验，探索新方法，不仅可取，甚至可以说是必要的。

通常，人们往往不假思索地依照以前的习惯做法行事，即使当他们面临新的问题时，解决问题也只意味着从以往的经历中寻找可能解决新问题的途径。对于那些缺乏行动转化能力的组织来说，现在是过去的再现。虽然他们的管理人员会对此加以否认，但人们受雇、分工、晋级的方法、新员工薪金的标准等，都是按照旧例执行。

如果说农业时代是在公园里散步，工业社会就是乘电车，那么信息社会就无异于搭乘宇宙飞船了。在信息社会里，你的经验很快就会过时。在过去的经验法则早已不是现在解题的灵丹妙药的前提下，光凭管理者个人的经验，已无法解决日益复杂的问题。而且过去成功的经验，往往就是此刻失败的根源。中国有句俗语，叫“一招鲜，吃遍天”。就是说，你总要拿出自己的“绝活”，做到“人无我有，人有我精”，这样，才能经受住市场的考验，进而把握市场，创造市场。其实，许多管理者不是没有创新能力，而是缺乏强烈的创新愿望，习惯于躺在功劳簿上，才被人家甩在后边。所以，要使企业进步，管理者首先就要脱离传统的思维方式，拥有强烈的实施创新的意愿，不让经验左右自己，才能避免失败，获得突破。

另外，企业经营者毕竟只是一个人，他个人的创新尽管重要，但对于一个组织来说是不够的。因此，经营者创新心理品质的另一个重要方面就是，要时刻注意培养组织成员的创新品质。组织成员的创新品质在一定程度上是经营者创新思维的基础。

3. 敢于怀疑，寻求变革之机

企业经营者要富有怀疑精神，敢于怀疑昨天的老一套，善于根据不断变化的实际情况来改变自己的策略。零售业霸主沃尔玛公司的创立人山姆·沃尔顿，在农村开设折扣店的做法，就很好地体现了这一精神。当时，按美国零售业经营常识，在人口不到 5 万人的小城镇开办折扣店是行不通的，合伙人的拒绝并没有动摇他的决定。沃尔顿以惊人的魄力打破了惯例。1962 年，沃尔顿与其兄弟一道开设了第一家沃尔玛折扣店，此后便不断扩张渐成燎原之势。

现在社会上很多事情都被格式化、程序化了，这造成一部分人思维模式定型，思维方式被束缚。再加上企业经营者可能是社会的精英分子，都有一定的社会成就了，他们很容易停留在自己已有的成就上，而不舍得放弃已经落后于时代的东西，因为那是他自己一手创造的。经营者作为一个组织的领头人，决不应该这样，你应该富有怀疑精神，应该善于以怀疑的眼光来看待周围的事物，来寻求变革之机、创新之机，否则就会导致事业的衰退。能够把人限制住的只有人自己。也许你正被困在一个看似走投无路的境地，也许你正囿于一种两难选择之间，但这种境遇或许只是因为我们固执的定势思维所致，只要勇于重新考虑，一定能够找到不止一条跳出困境的出路。

4．对目标不断检查，及时调整

很多时候，在项目启动初期，由于存在大量风险及不确定因素，要对项目的目标、预算、激励等做出正确的评估几乎是不可能的。实际上，大多数企业管理者一开始也知道自己所有的评估和目标是不可靠的。但在实际执行过程中，管理者往往会因为无法获得准确全面的反馈信息，而导致自己陷入经验误区；或者，还会受到企业文化、机会成本等方面的限制，以至于即便取得了新信息也疲于对项目要素进行大的调整或修改。这无疑进一步导致了项目的低效果和低效率。

因此，在整个项目运行的过程中，企业要不断地对目标进行检查，保证信息传递的完整性，并及时对项目做出调整，可根据当前和可以预测到的现实制定一个具有相当包容性和灵活性的宏观性工作计划。这个计划需要是务实的，同时又是灵活的、时刻准备变革的，才能使既定目标最大程度地切合项目的实际运作情况。

总而言之，经验既是一座蕴藏丰富的宝藏，它时刻在提醒着你，哪里有智慧；经验又是一个无处不在的陷阱，它总能用一点小小的诱饵便能引你上当。如果你能够主宰经验，你便会得到智慧；如果你被经验主宰，你便会掉入陷阱。

商场≠战场

中国企业界有一句人尽皆知的名言，即商场如战场，话虽这么说，但商场绝不是战场。特别是在经济全球化，市场竞争日趋向市场竞和转化的时代，一味将竞争对手视为敌人的企业经营者或品牌，无论如何都不可能在商场上获得长久的成功。

首先，从二者的目标上来说

商场上一切活动的目的是赢得客户，战场上的目的是消灭敌人。如果企业家始终固守“商场如战场”的信念，就不可能和竞争对手有任何形式的合作，就有可能错失与其他企业合作双赢的良机。

而要在市场经济中获得成功，必须对竞争和合作都有深刻的理解。在日本企业界，就有一种“竞合”关系的说法，即在企业间的竞争之中还要保持一种合作关系。这就好比一家人在一个锅里盛饭吃，吃得快的人总是抢着吃，吃得慢的人总是吃不饱。这时候就会有多种选择。一种选择是吃得快的人放慢速度，让吃得慢的人多吃一点。在企业竞争中，这种办法显然行不通，这是平均主义的做法，会扼杀竞争精神。

再有一种选择是吃得慢的人把锅砸烂，“如果我没饭吃，那么你也别想有饭吃”。这种选择的结果是大家都没饭吃。其实，最好的选择应该是使锅里的饭多起来，使吃得慢的人加快速度。让锅里饭多起来需要大家共同努力，就好比竞争企业有责任把市场做大一样，这就是合作的关系，是大家共同利益所在；使吃得慢的人加快速度，这是竞争关系。因为不管锅里饭怎样增加，吃得慢的人依然吃得少。

总之，在市场经济中，既要竞争——按市场规则竞争，又要合作——在市场发展中合作，才能实现双赢。把商场当战场，视同行为冤家——此路不通！

其次，从二者使用的手段上来说

在战场上，几乎可以不择手段打击敌人；而在市场上达到目的的手段必须考虑到“第三者”即客户的反应。“兵不厌诈”是战争中一个通用的原则，而在市场上的任何欺骗行为都会损害企业自身的长远利益。在战争中为了达到消灭竞争对手的目的可以不惜一切代价，而在市场上，企业必须计较投入和效果的关系。不惜一切代价的后果在市场上是毁灭性竞争，表现形式是行业性亏损。如果企业在大幅降价、大笔做广告宣传之前认真计算一下其财务后果，许多企业家就不会做出那样的决定。比如汽车生产厂家如果在零部件生产上能够合作，就能提高其规模效益，最终客户可以买到更为便宜的汽车。又如电子产品生产厂家，如果可以就某些行业标准达成一致，就可以便于消费者选择，形成行业、企业、客户三赢的局面。所以从客户的角度去考虑，而不是从“战斗”的角度去考虑，这些都是显而易见的事情。但这些显而易见的事情，在战场的敌对中都无法办到。

从这个角度上说，企业经营者不妨忘掉你的竞争对手是一个人，而把他当做一个统计数字吧，如营业利润、财富积累等，这是一个你要超越的数字。数字比人更具体、更简单，以数字为目标只会激起你的斗志，而不会滋长你的嫉妒。如果你不能在规模和分量上战胜他，那就在质量和用途上击败他吧，那也只是你所要超越的简单数字。

总之，企业经营者要想维持一定幅度的价格和市场占有率，和竞争对手搏杀不是明智之举，反而应联合在一起，在价格、范围等方面达成一定的默契，才能共享其利，共存共荣，皆大欢喜。不争而争、不战而胜才是企业的至高境界。

最后，从二者的结果上来说

战争会有一个终点，市场却没有终结。战争希望能在最快的时间里决定胜负，胜利者是英雄。市场上则只有一时的胜负，一时的胜负不能决定永远的输赢。市场上没有英雄。看看中外企业排名榜的剧烈变化，我们就能明白，市场竞争要求每一个企业都时刻兢兢业业，苦心经营。没有任何一家企业能够依赖过去的辉煌。认为自己到达终点的企业已经开始了没落。

从这个角度讲，与高水平的对手同台竞技，才能提高自己。当然，从情感上来说，我们都不会希望竞争对手发展壮大，而希望自己赢得竞争——希望卖出最多的产品，占有最大的市场份额，实现最高的利润率，等等。但是，我们也应该意识到，竞争对手虽然在虎视眈眈地步步进逼，但是这种竞争环境也会给自己的企业带来好处。对手让你更加执著，更加专注于你的产品或服务。他们让你时刻保持高昂的斗志和积极进取的拼搏精神。优秀的竞争对手还能让你从创新到服务的各个方面提高竞争的层次。很典型的例子是，那些官僚性垄断企业之所以失败，在很大程度上都是由于实现了既定的目标之后开始沾沾自喜，妄自尊大，停止了进取的脚步。

没有了竞争，企业就会越来越臃肿，动作会越来越迟缓。所以，即使你可能不希望竞争对手超过你，但你也需要他们存在。竞争对顾客有利，对你有利，即使它会给你带来痛苦，但它对整个企业环境有利。

总之，商场无论如何都不应该是战场，虽然无法否认企业家可以借鉴军事科学上的一些原则和方法，就像可以从物理、生物学等领域发现一些管理上的思路一样。但如果忽略了两者的本质区别，以打仗的方式去管理企业，是注定要失败的。

如果你在竞争中能做到以下几点，你的生意一定会比对手兴旺。

(1) 有钱大家赚。如果你的手里没有客户需要的产品，你应该把他介绍到自己的竞争对手那里去。

(2) 助人就是助己。对手的经营发生危机时，你应该向他及时伸出援助之手，而不应该乘人之危，落井下石。

(3) 做宣传广告时，你可以抬高自己，但一定不要故意贬低对手。

(4) 互相学习，共同发展。同行前来参观时，热情接待，任其观看、询问。

(5) 和竞争对手保持融洽的关系，经常上门探访，交流各种经营和商品讯息。

下篇

商业实战——老板修炼宝典

对于一个企业经营者而言，他是全权负责组织机构的人，可以做出许多活动的最初决策，可以发展自己的信息渠道，可以控制自己的时间使用，可以利用一切机会收集和宣传信息，可以用命令、罚款、解职等手段限制下属的行动，还意味着有更好的办公环境、拥有经营管理股份和其他待遇。这些都是管理者权力的体现。但是，理性地看，在它的背后还隐含着与这一切相应的风险和责任：社会的、组织的、员工的、自己及他人的。尤其是在新世纪的大环境中，经营者应不断完善自我，提高自身素养及素质，为企业提供更高水平更高质量的管理和服务，不断增强工作效率和经济效益。

第四章　创业起步

创业准备：成功总是留给有准备的人

自古以来，商业世界就像个演绎生活的旋转舞台，充满了机遇和挑战，可以经历成功与喜悦；与此同时，也充满了荆棘，不乏艰辛、挫折与沮丧，甚至失败。在创业过程中，有些人虽然很努力、肯牺牲，但由于准备不足，始终没能达到创业成功的目的。正如那句格言："只因准备不足，导致失败。"因此，要想让自己走得更稳健一些，在创业之前一定要做好准备。

可是，到底需要做什么准备呢？

很多创业者一直认为，创业是从自己开始投入生意的那一刻起，这其实就意味着失败。因为创业者忽略了创业前的创业，也就是创业者在真正创业前，把自己经营成一个能创业的人。在自己没有具备创业能力时就开始创业，就如同一个驾驶技术还不怎么样的人，就敢驾车上路一样，风险无时不在，失败在所难免。所以，创业首先创的是你自己，把自己当成一个核心创业产品去经营，提高自己的创业能力，这样，将会大大提高创业成功的可能性。

1. 储备知识技能

要想创业成功，就需要先学习，扎实地掌握好创业所需要的各项知识技能。

首先，基本的工作经验和受雇的经历对成功的创业是必不可少的。虽然是为别人工作，但实际上是别人在给你“缴学费”让你在工作中积累经验，提高你的综合能力，交给事情让你去实习，还要付给你薪水。这样的工作心态，是你创业成功的一个好前提，但你不要紧紧盯在那个报酬上，时刻记住你要在工作实践中学到很多创业知识：经验、技术，积攒资金、人际关系等，这就是为创业做自我准备。

而且，在打工的过程中，你也可能会学到必要的管理经验。虽说管理者不同于创业者：创业者要敢于冒险，而管理者则要稳重谨慎；创业者注重于宏观和大局，管理者更注重细节。但在创业的过程中，特别是初期，作为小企业的拥有者，创业者要担负大部分的管理角色。如果有作为管理者的经验，对创业的成功是大有裨益的。

其次，你还要掌握基本的商业知识。商业知识包括经营企业所不可或缺的法律、会计、财务、税收、行销、人力资源、宏观经济、企业组织结构、企业战略等专门知识。创业者当然可以借用外脑，如请教咨询公司；也可以雇佣专业人士，如会计和律师来处理这些专业问题，但作为企业的所有者和经营决策者，对这些商业知识应该有基本的掌握。对其中的某些领域，创业者甚至应该成为专家，比如一家金融服务公司，创业者应该是金融理财的专家；而一家快速消费品公司的老板，他应该是市场行销的行家里手。

除了基本的商业知识外，你所从事生意的专门知识也是必须要掌握的。所谓专门知识是指与你的企业生产的产品和提供的服务的相关的专业知识和技能。比如你经营一家汽车修理厂，你当然要有汽车修理、汽车配件以及汽车保险和理赔的专业知识。

再次，你还需要学习一些不懂的事物。有一首歌唱到：不是我不明白，这世界变化快。那种靠一门手艺过活一生的时代一去不复返了。要成为成功的创业者，需要不断地学习，活到老，学到老，终身学习。

要注意，这些知识绝大部分是不能从书本和课堂中学到的，它们也许是一个人的个性和天资；也许需要一个人不断地磨练和熏陶；也许是一个人某一天的突然领悟；也许是一个人长年社会实践的积累。正如国外一句谚语所说：告诉我怎样做，我很快就会忘掉；做给我看，我也许会记住；而让我参与其中并亲自实践的话，我就会了解其中的奥妙。作为一个成功的创业者，只能亲自实践，在战争中学习战争，而所有成功的创业者都不可能是培养出来的，他们是在商业实践中磨练出来的；是在不断地挑战自我的过程中成长起来的；是在残酷的商业竞争中存活下来的。

2. 调整心理状态

一个人要想获得创业的成功，还必须具备基本的创业心理素质。

（1）要想创业成功，先要有成功的欲望

古希腊哲学家苏格拉底曾经对一位求学者说过这样一句话："要想跟我学知识，必须先要有强烈的求知欲望。"对于想要在充满竞争的商海中争得一席之地的创业者来说，要想成功亦是如此，必须先要有求生欲望般强烈的成功欲望。

创业者有了强烈的成功欲望，就会强烈地渴望成功。虽说渴望成功最终不一定会取得成功。但一个不想成功的人，是永远都不会成功。关于这一点，心理学有一个概念叫"期望强度"，即一个人在实现自己期望达成的预定目标过程中，面对各种付出与挑战所能承受的心理限度，或称为期望的牢固程度。当成功成为创业者预定达到的目标时，其期望强度越高，追求成功的欲望就会越强烈。欲望像磁铁一样，外界发生的许许多多的事件就好像沙砾，沙砾中一旦有铁砂，磁石就会马上将其吸住，这就是对机会的把握发现。没有欲望的人，就像没有磁铁一样，外界所发生的一切对于他来说，全都是沙子，任何事件都不起作用。不断增强你追求成功的欲望，便会产生惊人的结果。强烈欲望会产生不可思议的力量，化不可能为可能。强化心中欲望的强度，可以坚定既定的目标，勇往直前；想象梦想成功的滋味或是汲取失败的教训，都能强化追求成功的欲望强度。成功的人之所以奋斗不懈，都是因为有强烈的欲望在驱动着他们、鞭策着他们。

事实也确实如此。有着强烈成功欲望的人在创业过程中往往表现得积极热情，他们一旦掌握机会就会毫不犹豫地行动，即使行动遇到挫折，依然抱着积极乐观的心态，认为世界上没有失败，只是成功需要等待。于是他们会再试一次，坚持到底，最后获得成功；而一次的成功又会使他们坚信自己拥有做一个成功者的优秀潜质，于是更增强了自己追求成功的欲望。相反，一个成功欲望不太强的人，做事消极被动，经常犹豫不决，不敢行动，就算行动，一遇到挫折也会立刻放弃，最后导致失败，失败后会使这种人想要成功的欲望再次减弱。如此下去，直至失去全部的成功欲望。这也就是为什么很多人做事认真、吃苦耐劳、省吃俭用，到了晚年仍然没有大的作为的原因，他们强烈的进取心没有被熊熊的欲望之火点燃。

(2) 要想创业成功，必须对自己充满信心

自信心是创业者取得成功的不可或缺的重要素质。只有具有强烈的自信心，使自己有勇气去克服一切困难，创业才有可能获得成功。那些在创业的初期能够克服重重困难，将公司一步一步做大的人，无

一不是自信的人。

自信和自卑是两种完全不同的心态。人们总说，心态决定命运。两个能力差不多而心态迥异的人，他们的人生也会相差甚远。有些创业者不管在什么时候，在什么条件下，都对自己充满信心，所以，他们往往能在创业路上披荆斩棘，获得成功；而有的人却恰恰相反，他们陷入自卑的心理不能自拔，一遇到挫折或困难，就怀疑自己的能力，长别人志气，灭自家威风，结果失败总是不请自来。因此，在创业之初，是自卑还是自信，往往决定着他们的创业走势，乃至成败。

不过，人无完人，每个创业者身上都既有自信，也有自卑。这就需要所有的创业者有能力拒绝自卑，与自信为伍，使自己时刻处于自信状态。因为如果自信的心理占优势，就容易看到自己的优点，遇到困难时能够鼓起勇气去战胜；相反，如果是自卑的心理占优势，则容易使他们消极下去，从而失去战胜困难的勇气，导致本来有希望成功却最终走向了失败。这点在创业初期尤为重要，因为创业者在此时面临的困难会更多更繁杂，也更需要以自信作为解决困难的精神支柱。

（3）要想创业成功，还需要胆略和魄力相助

创业就是冒险。对于创业者来说，必须要有胆略和魄力，敢下注，敢赢也敢输，要有强大的心理承受能力。否则，在创业时往往就会错失发展良机，而发展良机对于刚刚创立的企业来说是至关重要的。因此，在创业之初，创业者胆大是其成功的重要因素，甚至可以说，胆大就等于创业成功了一半。

不过，胆大不等于莽撞，它一定是要建立在一定的依据之上，要对市场进行充分判断之后。否则只能是盲目胆大，是无知冒进，那样只会使事情变得更糟。

最后，即使你做好了这些准备，也没有人能担保你创业一定成功；

没有人能保证你一定赚钱；也没有人能确定你是一个适合创业的人，因为创业需要你冒险；因为成功需要你努力；因为创业需要你实践。但我们有理由相信，这些准备，一定可以将创业的风险降至最低。

选择项目：良好的创业项目成就事业

在为数众多的创业者中，因选准项目而抢占先机、步步为营，最后事业有成者大有人在；因急于创业而仓促选项，导致功败垂成、一无所获者也不乏其例。据一项统计，90%的人曾经有过创业冲动，其中60%的人付诸实施，但这些人中仅有10%能获得成功。那么，为什么会有这么多人折戟沉沙呢？调查结果显示：98%的创业失败是因为没有选准合适的项目。此外该调查还显示：80%的创业者在创业前期都觉得确定创业项目“十分头疼”、“很难抉择”；在创业失败的案例中，有60%的人觉得是“创业项目不对头”或“创业项目选择失误”；而在成功创业的人群中，70%的人认为“良好的创业项目成就事业”。

由此看来，创业成功与否，项目的选择举足轻重。所以在创业项目选择中，创业者一定要慎之又慎。具体而言，需要遵循以下原则：

1. 从自身实际出发

比尔·盖茨说：做自己喜欢和善于做的事，上帝也会助你走向成功。一个萝卜一个坑，每个人都有自己适合做的事。选择项目就像选择伴侣，一定要选择适合自己的，毕竟要“一路跟随”。所谓的适合，就是要从自身实际出发，和自己的兴趣、特长、经验相关，不能为追求所谓的创业热点而盲目投资，以避免决策失误而功败垂成。

首先，你可以选择自己感兴趣、有特长的项目。兴趣是最好的老师。有兴趣才会有动力，有兴趣做一件事才会持久。试想，当你把全部精力都放到一件事上的时候，你却不感兴趣，你快乐吗，你能长久地干下去吗？很多的创业成功人士，他们都是对自己的事业感兴趣的。反过来也可以想一想，如果你连最基本的兴趣都没有，它也不可能是你的特长，你怎么可能成功？一个人只有选择了他喜欢做又有能力做的事情，他才会自觉地、全身心地投入到工作中去，并忘我地工作，才有可能在遇到困难和挫折时百折不挠、勇往直前，千方百计地克服困难，实现创业目标。

其次，尽量选择你有独特资源优势的创业项目。俗话说：靠山吃山，靠水吃水。创业者在选择项目时应该充分考虑项目的资源状况，发掘自身特有的资源进行项目开发，往往更容易获得成功。这种资源可以是资金、技术（例如计算机专业大学生 IT 创业如火如荼），也可以是矿产、区位（例如一些农学专业大学生农村创业大有作为）等。“隔行如隔山”，不懂的项目，千万不要去选择它。你可以试着去了解，当你懂的时候再选择也不晚。许多创业者都是在有了几年的行业经验积累之后，熟练地掌握了相关的渠道和关系，又有了经营管理方面的经验和一定的资金之后，才开始创业的。这样，你过去积累的知识和经验都可以用得上，这对你创业帮助极大。

2. 充分利用市场机会

市场是最终的试金石，所以选择创业项目时，在考虑了个人因素之后，还要认真调查分析拟选项目是否有市场机会，所谓“东风不与周郎便，铜雀春深锁二乔”，纵使周郎雄略，尚需借得东风，因而创业者也需考虑各种市场因素。而且，还要通过市场调查和预测，考察所选项目是否符合目标地域及目标群体的现实消费和潜在消费状况，以及自己是否可以顺利进入市场等，尽可能选择那些具有广阔市场前景的项目。

没有一个人希望自己的创业项目是没有前途的。但事实上，很多人就选择了没有什么前途的项目来创业。判断一个项目是否有市场前景的最好方法，是“市场决定”。就是所有的一切由市场说了算。市场是创业的成败所系，企业的生死所在。市场的决定作用怎么说都不过分。下面八种方法可以帮助创业者来判断自己项目的选择是否正确？

一是看市场够不够大。市场不够大，没有想象的空间，没有折腾的余地，项目一开始就没了底气，没了冲劲，根本做不大。

二是看产品好不好卖。产品卖出去，把钱收回来，这就是赚钱的生意。如果产品不好卖，再多的投入，再大的努力都没有用，想赚钱，根本没戏。

三是看利润空间大不大。利润空间不够大，毛利太薄，很难赚到钱，搞不好，辛苦做了一年，年底一算账，不但赔钱还要贴人工进去。

四是看趋势特征是否明显。把握趋势，追赶潮流也要踩好步点，赶早了，钱不好赚，开发市场成本太高；赶晚了，钱已经被别人赚走了，而且会越做越衰，越做越赔。

五是看收入是否有持续保障。看中眼前利益的短频快项目很难让一个人真正赚到钱，真正赚钱的好项目是持续收益的，一年比一年轻松，一年比一年多赚。

六是看业务模式好不好。赚钱要靠系统，赚钱要有套路，单靠个人的蛮力打拼和胡乱折腾，是难以出成效的，业务模式的好坏直接关系到赚钱的多少。

七是看品牌效应是否突出。选项目看品牌已经是妇孺皆知的道理，关键还要选中非常有潜力的品牌，这就更需要敏锐的判断和独到的眼光。

八是看培训支持是否到位。自己摸索，事倍功半；培训引导，事半功倍；两者之间四倍的差距。所以，好项目还需要好的培训、好的支持和服务，否则，做起事情来，麻烦就来了。

不过，即使选择了一个赚钱的好项目，这也还不够，创业者还要考虑自己是否具有利用市场机会的能力。例如你准备开家服装店经营服装，经过调查发现，某段时期唐装、中山装等旧式服装很受欢迎，而当地市场上无人经营这种服装。也就是说，这种服装的需求尚未达到饱和，这就是一个市场机会。但对于创业者来说，这种客观存在的市场机会未必一定会成为你的创业项目。因为市场机会成为创业项目是有一定条件的：首先，创业者必须具有利用该机会的资源能力和技术能力；其次，创业者利用该机会能够足以实现其经营目标。

3. 拥有敢为天下先的勇气

老子曾说："我有三宝，一曰慈，二曰善，三曰不敢为天下先。"此语深蕴中庸之道，内化为很多人的处世哲学。但就创业而言，创业者是很需要一些敢为天下先的勇气的，因为创业本身就是一项创新活动，而市场又要求创业者能够抢占先机、出奇制胜。我们很难想象，一个陈旧俗套、立意平平的创业项目如何能够获得投资者的青睐或者在激烈的市场竞争中站稳脚跟。

那么，创新何来？有更多的人认为创意是瞬间产生的，然而通过系统分析研究可以获得商业创意。例如：可以通过分析矛盾，如金融机构提供的服务与产品大多针对专业投资大户，但占市场很大比例的一般投资者却没有受到应有的重视，这样的矛盾显示出为一般大众投资提供服务的市场是极具潜力的；可以通过分析作业程序，如分析很多行业的生产作业流程，可以挖掘软件开发和信息服务；可以通过分析产业与市场结构变迁的趋势，如在国有体制改革和公共事业产业开放的调整中，可以在能源、电信、交通产业中挖掘更多的商业构思；可以通过分析人口统计资料的变化趋势，如人口的老龄化、教育程度的变化、社会竞争为业余充电学习等提供了很多的机会；可以通过分析价值观念和认识的改变，如当人们看到两岸三地未来互相依存的前景，到香港澳门等地求学、就业、移居的市场商机，也会形成众多的商业创意；可以通过新知识的产生，如当人类基因图谱破译，可以预计会给生物与医疗服务领域产生商机；还可以通过复制外地市场，寻求商业创意；商业创意也可以来自生活中的观察和体验，如个人生活经历和工作经历、个人爱好、偶然发现、通过媒体获得相关信息（报纸、电视、书籍、资料等）、交流、接受培训或教育等。

另外，进行创业项目选择还必须考虑国家相关政策和法律法规因素。“国家不幸诗家幸，赋到沧桑句便工。”赵翼这句诗告诉我们：时势造英雄。英雄总是离不开他所处时代的历史背景。创业也是一样。这里主要包括两个方面：一是拟选定的项目是否属于国家政策和法律禁止或限制的范围；二是拟选定的项目是否属于国家政策和法律鼓励的范畴。不涉及国家的政策、法律法规禁止的项目，自然是创业活动的题中应有之义，此外，创业者还要尽可能在国家的政策、法律法规鼓励的范围内遴选项目，积极利用国家提供的一切便利条件。

总而言之，项目的选择是一个非常复杂的系统工程，不可能一蹴而就，以上内容只是一些最基本的原则。其实要做好项目的选择还需要许多技术性工作，如在预选一个项目后所要进行的市场调查、市场预测以及项目评估。因为市场拥有最大的话语权，项目最终能否成功还是取决于市场空间大小，市场对项目产品的需求才是创业能否成功的根本。

创业团队：在市场中迅速站稳脚跟

创业，既要讲独立，也要讲合作。适当的合作可以弥补双方的缺陷，使弱小企业在市场中迅速站稳脚跟。如果创业者不顾实际情况，一门心思单打独斗，就很有可能延误企业的发展。

创业团队的组建，多是由少数具有技能互补的创业者组成，这样就可以很好地提高驾驭环境不确定性的能力，从而降低新创企业的经营风险；而创业团队共同为达成高品质的结果而努力，则有利于分散创业的失败风险；更为重要的是，共同创业具有更强的资源整合能力，能同时从多个融资渠道获取创业资金等资源，保证创业企业的成功。

创业团队的组建是一个相当复杂的过程，而人，是构成创业团队最核心的力量。创业者中间就流行着这样一句话，创业时期最重要的因素第一是人，第二是人，第三还是人。那么，在组建创业团队的过程中，我们到底应该怎样选择合作伙伴呢？一个最好的原则是：每一个合伙人都能为公司的运营带来一股力量。

1. 从目标上来说，要有共同的志向

选择合作伙伴时，志同道合很重要，这也应该是合伙人在一起合

作最直接的条件。如果你的合伙人只想尽快收回成本并得到最大利润回报，而你的目的却是要做成一个长久的公司，做成百年老字号，那么，双方的矛盾将不可避免。

“志”指的是目标和动机，从广义上讲包含了创业者建立公司的动机、目标，以及创业者确定的公司目标、规划等诸多复杂的内容，可以是赚钱、扬名、实现理想等；“道”就是实现志的方法、手段，即公司的经营思路和经营策略。只有这两方面都统一了，才有了合作的条件。当然，在公司的初创时期，目标还只是一个暗藏的、朦胧的意识。因为你们相对实力不大，对瞬息万变的市场没有把握，一切都是在日后的发展中逐步明朗的。但是，你们应该确立一个目标。在开头的时候，你们为了目标一定要互相配合，纵使未来目标会逐渐改变，但起初的方向应一致。

2. 从技能上来说，重视优势互补

创业团队是否能够取得成功关键是团队的互补性。据统计，创业的成功率只是20%，新成立的企业只有20%能生存5年或更长的时间，而35%的新企业开业当年就失败了，活过5年的只有30%，生存10年的仅为10%。创业企业因为资金、技术相对弱小，不够成熟，管理方面经验缺乏，要想获得成功，就必须付出更大的努力，而其中重要的一点，就是必须高度重视创业团队的组织设计，组建一个高效、优势互补的团队是创业取得成功的重要基础。

一般来说，创业团队的互补，主要是指由于创业者知识、能力、心理等特征和教育、家庭环境方面的差异，通过团队成员扬长避短，发挥各自优势，弥补彼此不足，形成一个在知识、能力、性格及人际关系资源等方面全面俱备的优秀创业团队。

另外，作为团队组建者，还有一个需要重视的问题，就是：由于团队中的每个角色都是优点和缺点相伴相生，领导者要学会用人之长、容人之短，充分尊重角色差异，发挥成员的个性特征，找到与角色特征相契合的工作，使整个团队和谐，达到优势互补。

3. 从实力上来说，不能差异太大

这里所说的差异主要是从对项目的理解、表达能力、执行能力、社会资源能力、思维创新能力等方面综合考虑。如果创业成员之间差异性太大的话，不要说是否能经常就项目本身进行讨论和交流，就是在项目的理解和执行上都会有很大的困难。

首先，不能因为迷恋主导权而寻求过度弱小的合作伙伴。谁都想说了算，谁都想当“主人”，但主人不是谁都能当的，不是谁都能够当好的，当家作主意味着更多的付出和更大的责任。创业者在寻求合作伙伴时一心追求话语权，但软弱的合作者却可能在你需要时，不能给予你及时和有力的帮助；反而有可能使一些更强大的潜在合作伙伴怯步不前，弃你而去，使你丧失更多的机会。

其次，不能选择实力远超过自己的投资伙伴。很多创业者抱有“大树底下好乘凉”的想法，单纯认为只要有了资金，其他问题都好解决。而事实上，合作伙伴过于强大，揽权、抢权意识强烈的话，即使你有知识、有想法，也往往会陷入英雄无用武之地的尴尬中。尤其是对于刚出道的创业者，在以股权融资的时候，一定要考虑双方力量的平衡问题。虽然不能一心想着“制住”对方，但也一定要随时警惕被对方“制住”。

最后，还要注意一点，那就是对合伙人的道德要求也是很重要的。人上一百，形形色色。我们所接触的人难免泥沙俱下，鱼龙混杂。如果在合伙企业中混入了不具备基本商业道德的人，很可能把企业的前途断送。首先，内部的人防不胜防，“堡垒是最容易从内部攻破的”。契约和制度规定得再详细、考虑得再周密，也免不了有所疏漏，为居心不良者留下可乘之机。其次，合伙人的解除比较困难。在合伙企业建立之后，如果发现了合伙人居心不良，不愿意再与他打交道，想通过让其退伙或散伙的方式解决，这就会严重危及到企业的生存与发展，很可能从此一蹶不振。总之，创业者在合作合资前，务必对合作伙伴进行全方位的调查研究，对合作伙伴的品行、经营能力、资金实力等，都要有翔实的了解，以减少投资风险。

注册公司：落实好创业的每一步

就中国而言，各级政府及其管理部门为了方便投资者创业，为创业人员提供了包括工商、财税、融资、劳动用工及社会保障等政策咨询和信息服务在内的全方位服务。虽然如此，创业者自身也应该了解和熟悉企业创立的一般流程，落实好创业的每一步，这对于提高创建的效率非常重要。

一般而言，企业创立流程主要包括以下几步：

第一步，企业选择

即选择合适的企业组织形式，主要包括个人独资企业、合伙企业、公司企业等形式。每种创业组织形式均各有利弊，针对自身情况，选择一个合适的创业组织形式，便可趋利避害，选择不恰当，就会为将来的运作带来巨大的隐患。

（1）个人独资企业

又称个人业主制企业或个体工商户，是指个人出资经营、归个人所有和控制、由个人承担经营风险和享有全部经营收益的企业。往往规模较小，可从事的行业有工业、交通运输业、建筑业、小型加工、商业、饮食服务业、修理业、科技咨询以及文化娱乐等。

个人独资企业的优点是：企业设立、转让和解散等行为手续非常简便，仅需向登记机关登记即可；企业主独资经营，制约因素较少，经营方式灵活，能迅速对市场变化做出反应；企业资产所有权、控制权、经营权、收益权高度统一，有利于保守与企业经营和发展有关的秘密，有利于业主个人创业精神的发扬；企业主通过个人努力使企业获得成功，则可以满足个人的成就感。

个人独资企业的缺点是：企业经营好坏同业主个人的经济利益乃至身家性命紧密相连（当个人独资企业财产不足以清偿债务时，企业主将依法承担无限责任，必须以其个人的其他财产予以清偿），经营风险较大，从而也限制了业主向风险较大的部门或领域进行投资的活动；难以筹集大量资金，因为一个人的资金终归有限，以个人名义借贷款难度也较大，因此，独资企业限制了企业的扩展和大规模经营；企业所有权和经营权高度统一的产权结构，也意味着如果企业主发生意外事故或者犯罪、转业、破产，则个人独资企业也随之不复存在；另外，企业内部的基本关系是雇佣劳动关系，劳资双方利益目标的差异，构成企业内部组织效率的潜在危险。

（2）合伙企业

合伙企业是指依法设立的，由两个或两个以上合伙人订立合伙协议，共同出资、合伙经营、共享收益、共担风险，并且对合伙企业债务承担无限连带责任的营利性组织。

合伙企业的优点是：合伙企业的资本来源比独资企业广泛，它可以充分发挥企业和合伙人个人的力量，这样可以增强企业经营实力，使其规模相对扩大；由于合伙人共同承担合伙企业的经营风险和责任，因此，合伙企业的风险和责任相对于独资企业要分散一些；法律对于合伙企业不作为一个统一的纳税单位征收所得税，因此，合伙人只需将从合伙企业分得的利润与其他个人收入汇总缴纳一次所得税即可，这就减少了开支；由于法律对合伙关系的干预和限制较少，因此，合伙企业在经营管理上具有较大的自主性和灵活性，包括合伙协议、出资方式、评估作价等都可以合伙协商。

合伙企业的缺点是：合伙企业的资金来源和企业信用能力有限，不能发行股票和债券，这使得合伙企业的规模不可能太大；合伙人之间的连带责任使合伙人需要对其合伙人的经营行为负责，更加重了合伙人的风险；由于合伙企业具有浓重的人合性，任何一个合伙人破产、死亡或退伙都有可能导致合伙企业解散，因而其存续期限不可能很长。

(3) 公司企业

是指具有独立的法律主体地位，可以对自己的行为负有限责任并冠以公司名称的现代企业组织形式。从其包含的具体内容形式上看，公司企业又包括了无限责任公司、有限责任公司、股份有限公司、两合公司以及股份两合公司等五种形式。其中有限责任公司和股份有限公司最为重要，也较为常见。

公司企业的优点是：企业与所有者相分离，在最初的所有者和经营者退出后仍然可以继续存在，这就减少了公司的经营风险，为公司在资本市场上融资和在产品市场上建立战略联盟打下良好基础；所有者对企业的责任只是限于其对公司的投资，如果公司发生亏损破产，则所有者最多亏损其投资部分，而不承担额外负担，减少了股东的投资风险，这就提高了股东的投资积极性，更有利于公司吸收股东的投资；所有权的流动性强，公司的所有者权益被划分为若干股份或股票，有限责任公司中，股权可以向股东或股东以外的人转让，而股票则可以依法任意转让，这就减小了公司企业所有者的风险。

公司企业的缺点是：双重纳税，由于公司企业是一个法人，因此它的所得要向政府缴纳所得税，再将税后利润分配给股东，而股东在收取公司分配的利润时，又向政府缴纳个人所得税，即相同的企业利润就被征收了两次所得税；国家对公司企业的成立条件比独资和合伙企业成立的条件限制更为严格，对公司企业的管制也较多；大多数公司企业都由职业经理人经营管理企业，在所有者和经营者之间存在着委托—代理问题，因此许多企业有比较高的代理成本。

第二步，名称设计

即设计新创企业和企业产品的称呼。在诸多要素中，企业名称是需要特别重视的，好的名称能产生一种魅力，是企业外观形象的重要组成因素。人们对一个企业的记忆和印象直接来自名称，俗话说“名不正言不顺”，企业的名称对企业形象有重大影响。如果企业名称不适于信息传递，将会直接影响到企业的商业活动。

而且，随着市场经济的发展，过去那种“三段式”（地名+经营业务名称+企业组织形式，如上海汽水厂）或“四段式”（即在“三段式”上再加上财产责任形式，如国营南京无线电厂）的取名法已不适应公司识别的要求，由此带来了公司名称及其构成的重大变化，即在公司名称中出现了商号。可以说，在市场经济条件下，作为识别经济主体的主要样式，公司名称实际上是指商号。只有商号才是公司名称中的形象要素，是可以用名称专用权加以保护的东西。如何培育公司自己的商号，中国公司界正进行着艰苦卓绝而有成效的探索。

（1）简短明快。简洁明快的名字响亮，易于上口，易读、易记，便于与社会公众和消费者、用户进行信息交流，更有效地发挥名字的识别功能和传播功能，易于引起顾客产生丰富而美好的联想。如“麦当劳”三字，响亮而又具有节奏感，因而极具传播力。名称拗口，节奏感不强，不利发音效果，也不利于传播，从而很难达到大众的共识。难发音或音韵不好的字，都不宜用作名称。

（2）个性独特。具有个性的公司名称可避免与别的公司名称雷同，防止混淆大众记忆，并可加深大众对公司的印象。如，北辰集团的“北辰”，天地快件中的“天地”，联想集团的“联想”等名称，都具有独特个性，使人印象深刻。因此，应突显名称的“个性”，避免无特征的公司名称，力戒雷同，避免与其他公司名称相混淆。

（3）保持统一。公司名称应与企业品牌、商标保持统一性。以本公司的名牌产品作为公司名称可提高公司知名度，利用名牌公司的名称作为品牌，也可提高产品的市场占有率。在这方面，“SONY”公司就是一个很好的典范。但也有一些公司喜欢把公司名称与产品名称分离，而且不同产品又有不同的名称。这种方式虽然能使公司降低经营风险，但也有许多不足之处，比如：增加了设计费、广告费、包装设计费等费用开支，也不利消费者辨别，不利于公司形象的树立与传播。因此，一般情况下，公司名称与品牌名称还是应尽量统一比较好，可以起到相辅相成的作用。

（4）震撼冲击。公司名称应具备不同凡响的气魄，具有冲击力，给人以震撼感。例如，奔驰汽车的定名，因为在中国大陆处理国外品牌名称的翻译时，一般习惯是音译，所以起初的版本是译音不译意。“奔驰”取自“Benz”译音，但在译意方面，可说是与译音天衣无缝，十全十美。“奔”腾飞跃，“驰”骋千里，充满活力动感，正是Mercedes-Benz的最佳写照。

(5) 新颖别致。这是指名称要有新鲜感，创造新概念，如柯达(KODAK)一词在英文字典里根本查不到，本身也没有任何含意，但从语言学来说，“K”音如同“P”音一样，能够给人留下深刻的印象，同时“K”字的图案标志新颖独特，消费者第一次看到它，精神常为之一振，这就更进一步加深了消费者对Kodak的记忆。

(6) 世界通用。经济全球化时代，公司名称还要考虑世界各地的通用性。例如，日本索尼公司(SONY)原名为“东京通信工业公司”，本想取原来名称三个字的第一个字母组成的TTK作名称，但考虑到产品将来要打入美国，而美国的这类名称多如牛毛，如ABC、NBC、RCA、AT & T等，为了企业的发展，产品的名称不仅要风格独特、醒目、简洁，而且能用罗马字母拼写，这个名称无论在哪个国家，都必须保持相同的发音，因此，公司经理盛田昭夫最后确定使用“SONY”这个名称。这一名称使S0NY公司财运亨通，而且也成为消费者爱不释手的名牌商标。

总之，确定一个公司的名称，要注意考虑是否易于记忆、形象是否鲜明、表达能力强否、独特性如何、传播方便与否等。一个好的公司名称应当是“音、形、意”的完美结合，能够产生好看、好记、好印象的效果。

第三步，企业选址

对于那些刚刚开始创业的人来说，SOHO(指小工作室或家庭办公室）办公也许是一个好的开始，但当你已经需要成立一个公司，开始走上真正的创业之路的时候，选一个真正属于自己的正规的办公场所显得十分重要。

创业企业都需要有经营场所，企业的选址与未来的经营发展有着很大的关系。对于创业者来说，将创业的地点选在哪个城市、哪个区域是一件先决性的事情。尤其是以门店为主的商业或服务型企业，店面的选择往往是成功的关键。好的选址等于成功了一半。

大多数创业者都会选择在熟悉的市、地（家乡或者学习的城市等）开展创业。在选定目标城市后，还需要进一步选择具体的经营地点。不同类型的创业企业，在选址上优先考虑的因素是不同的。

（1）生产性质的创业企业选址

这类创业企业在选址时要考虑具备生产条件：交通方便，便于原料运进和产品运出；生产用电要满足，生产用水要保证；生产所使用的原料基地要尽量离企业不远；所使用的劳动力资源要尽量就地解决；考虑当地税收是否有优惠政策等。如果是一些可能对环境造成影响的生产项目，还须考虑环保因素。

（2）商业性质的创业企业选址

这类创业企业在选址时应考虑创业地的实际情况、客流量、店铺租金等。如在城市，若干个商业圈往往带动圈内商业的规模效应，选择在商业圈内会较易经营。但与繁华商圈寸土寸金的消费能力相应，店铺租金或转让费也是寸土寸金，往往让创业者捉襟见肘，想要得一立足之地倍感困难。因而可以在商业圈内利用联合经营、委托代销等方式，或者在商业圈边缘选址，转向“次商圈”，将因此而节约下来的资金用于货品升级、提升服务等。在选址时要有“借光”的意识，比如在体育馆、展览馆、电影院旁边选址等。如果选择商圈之外的经营场所，则要注意做出特色，形成自己独特的风格，以达到“酒香不怕巷子深”的效果。

(3) 服务性质的创业企业选址

这类创业企业在选址时会根据具体的经营对象灵活选址，但对客流量要求较高。“天下熙熙，皆为利来；天下攘攘，皆为利往”，客流一定意义上就等于财流。在车水马龙、人流量大的地段经营，成功的几率往往比在人迹罕至的地段要高得多，但也应结合企业的目标消费群体特点，如针对居民的应设在居民社区附近；针对学生的则应设在学校附近；如果以订单为主，低成本、高效能的办公楼成为首选；如果是集中在网络技术、电子科技、媒体制作和广告等产业，公司可以选在行业聚集区或较成熟的商务区以及新兴的创意产业园区。

在选择经营场地时，各行业的考虑重点各不相同，其中有两项因素是不容忽略的，即租金给付的能力和租约的条件。经营场地租金是最固定的营运成本之一，即使休息不营业，也得支出。有些货品流通迅速、空间要求不大的行业，如精品店、高级时装店、餐厅等，负担得起高房租，就设于高租金区；而家具店、旧货店等，因为需要较大的空间，最好设在低租金区。

第四步，登记注册

企业从事经营活动，必须到工商行政管理部门办理登记手续，领取营业执照，如果从事特定行业的经营活动，还须事先取得相关主管部门的批准文件。

具体来说，你需要准备的材料及对应要跑的机关部门有：

(1) 工商局

需在工商局领取及提交的资料包括：

①企业（字号）名称预先核准申请表。领取一张申请表，填写拟定的公司名称，由工商局上网（工商局内部网）检索是否有重名，如果没有重名，就可以使用这个名称，核发一张《企业（字号）名称预先核准通知书》。

②租房合同。地址是注册公司要考虑的一个重要问题，它直接关系到公司的税收优惠政策、一般纳税人申请的政策等。公司法规定成立公司必须要有合法及有效产权证的注册地址，公司可以同时有注册地及实际经营地。

③公司章程。公司章程可以在工商局网站下载“公司章程”的样本，根据自身情况修改一下。章程最后由所有股东签名。上海道恩律师事务所的潘雪源律师特别指出，公司章程可以说是公司经营的宪法，比如责权的限制、利润的分配、债务的偿还等都要规定清楚，不能先草草照猫画虎拟一个了事，因为后续公司章程的每次改动都要有所有股东的签名，如果后续有一些纠纷将给公司带来不少的麻烦。

④股东（发起人）名单。

⑤董事经理监理情况。

⑥法人代表登记表。

⑦指定代表或委托代理人登记表。

⑧房产证复印件。

⑨验资报告。

（2）银行

开立公司验资户。所有股东带上自己入股的那一部分钱到银行，带上公司章程、工商局发的核名通知、法人代表的私章、身份证、用于验资的钱、空白询征函表格，到银行去开立公司账户，你要告诉银行是开验资户。开立好公司账户后，各个股东按自己出资额向公司账户中存入相应的钱。银行会发给每个股东缴款单，并在询征函上盖银行的章。

注意：公司法规定，注册公司时，投资人（股东）必须缴纳足额的资本，可以以贷币形式出资，也可以以实物、房产、知识产权等出资。到银行办的只是货币出资这一部分，如果你有实物、房产等作为出资的，需要到会计师事务所鉴定其价值后再以其实际价值出资，比较麻烦，因此建议你直接拿钱来出资，公司法不管你用什么手段拿的钱，自己的也好、借的也好，只要如数缴足出资款即可。

(3) 会计师事务所

如股东以实物、房产、知识产权等出资入股，需到会计师事务所鉴定其价值。

拿着银行出具的股东缴款单、银行盖章后的询征函，以及公司章程、核名通知、房租合同、房产证复印件，到会计师事务所办理验资报告。

之后就开始营业了。

(4) 刻章社

凭工商局审核通过后颁发的营业执照，到公安局指定的刻章社去刻公章、财务章。

(5) 技术监督局

凭营业执照到技术监督局办理组织机构代码证。办这个证需要半个月，首先技术监督局会发一个预先受理代码证明文件，凭这个文件，才可以办理税务登记证、银行基本户开户手续。

(6) 税务局

领取执照后，30 日内到当地税务局申请领取税务登记证。办理税务登记证时，必须有一个会计，因为税务局要求提交的资料中有一项是会计资格证和身份证。

另外，如果你的公司是销售商品的，应该到国税局申领发票，如果是服务性质的公司，则到地税局申领发票。

招聘员工：储备良好的人才资源

员工的招聘与录用工作是一个企业在经营中最基础的工作，也是最重要的工作。对于新成立的企业来说，如果不能招聘到符合企业发展目标需要的员工，企业在物质、资金、时间上的投入就会因为缺少合适的人去利用这些资源而成为浪费。如果不能满足企业最初的人员配置，就无法进入正常的运营；而对于已经处于运作阶段的企业，由于企业目标任务的变化和人员的变化以及外部环境的影响，招聘选拔工作仍然是一项关键的工作，企业在其运作过程中需要持续地获得符合企业需要的人才。

正如比尔·盖茨曾经说过："如果让微软最优秀的20个人离开公司，那么微软将会变成一家无足轻重的公司。"几乎所有的企业都已经意识到，拥有创造企业核心竞争力的人才的重要意义。但是，如何才能为企业挑选到最合适的员工，让几乎所有的企业经营者苦恼。

1. 吸引人才的策略

(1) 合理报酬

我们在招聘广告上经常可以看到醒目突出的"高薪诚聘"字样，

不少企业认为最好的招聘策略就是提供高薪。

但是，高薪就一定能引来金凤凰吗？其实不然。从表面上，水往低处流，人往高处走，人才会向回报高的企业流动，似乎有钱就能买到自己想要的人才，但如果仔细分析一下，就会发现问题其实并不那么简单。有研究表明，知识型员工的离职，只有15%的原因是因为钱。对于他们来说，受赏识和尊重是很关键的，另外他们比较看重培训的机会和承担更大责任的机会。况且，如果钱真的是让一个人改变工作的惟一因素，那么这个人也不保险，因为来个钱更多的人就会把他又勾走。

其实，只有根据公司特点建立合理的薪酬结构，才能较好的发挥薪酬的吸引、激励作用。薪酬结构设计的目标是要让员工所获得薪酬额与其贡献成正比，说得直白一点，就是干什么活拿什么钱。你做的是清洁工的工作，拿到的就是清洁工的薪酬，你做的是总监的工作，那你就拿总监的薪水。有高有低，员工才有往高处走的欲望和激情，才能激发员工的工作热情，才能激发团队的凝聚力。

（2）个人魅力

吸引一个人才能够为之献身的理由很多，其中，领导人的人格魅力也是一个很重要的方面。

现实生活中，很多企业人才的流失大多都是老板的自身素质的问题。要知道，一个出色的领导者必然是一个充满个人魅力的人。甚至有人认为，历史上的领袖人物往往并不是当时最有才能的人，无论是机智谋略、文才武功，还是权术手段、经营之道，总有比这些领袖更为优秀的人。而领袖之所以成为领袖，让更多优秀的人为自己效力，就是因为“人格魅力”的缘故。领导人的人格魅力主要表现在气质、风度、人品、知识等方面，靠的是令人慑服的人格魅力的影响力，而不是令人生畏的权力影响。

正所谓经营企业就是“经营人心”，得民心者才能得天下。企业领导魅力和形象直接关系到企业的生存和发展。企业领导应从时代要求出发，特别注重树立企业家精神和领导者人格魅力，才能吸引更多的人才，助自己成为大浪淘沙的市场竞争中砥柱中流、战胜挑战的强者。

（3）发展前景

人往高处走，人们都向往美好的未来，这是人的本能。市场经济环境下的企业间竞争异常激烈，甚至是十分残酷的。一个企业置身于这种激烈的竞争之中，如果没有明确的发展目标和发展方向，最终会被激烈的竞争所吞噬。所以一个人在选择一家企业作为自己的发展平台时，企业的发展前景及潜力是一个重要的考察内容。

（4）优秀文化

优秀的企业文化对员工有很好的激励、约束、凝聚作用，它可以激发全体员工的热情，统一企业成员的价值观，使员工产生归属感和荣誉感，齐心协力地为实现企业战略目标而努力。优秀的企业文化是吸引和留住人才的重要因素之一。如果求职者喜爱并赞同企业的文化，他就能迅速融入到企业文化中去，并保持与企业一致的价值观和目标，企业目标的实现也能够成就员工目标的实现，从而形成一种双赢的局面。

（5）充电机会

企业是否拥有充电培训的激励机制、为员工提供深造的机会，也成为能否吸引人才的一项重要因素。有公司就曾在北京的十几所大学进行过大学生求职意向调查，结果表明：80%以上的人把去外企谋职当作自己的第一选择。当问及原因时，他们几乎都把外企的培训与发展机会当作首选因素。因为持续不断的培训不只是让员工得到了个人知识和能力的提高，还会使员工发自内心地感激企业为他们提供机会使自己成长、发展和实现自我价值。这对于吸引并留住人才，是有利无弊的。而且，企业本身也会通过培训获得人员素质的提高，从而带来企业经营管理效益的显著提高。

（6）良好环境

这里所说的环境，包括物质环境和意识环境两个方面。丰富的物质生活并不是人类生活的全部内容，精神需求的满足也是人们所追求的重要内容。愉快的工作环境、良好的人际关系、适时的鼓励与表扬都是员工择业时要考虑的主要问题。而且，良好的环境更能积极、有效地提高员工的工作积极性和工作热情，是打造一支无敌团队必不可少的因素。

总之，明确公司的优势在人员招聘中非常重要。招聘工作就像市场营销，公司需要明确自己的优势和不足，结合竞争对手的相关信息，在招聘中扬长避短，以鲜明的自身优势吸引潜在的应聘者。所以，以上这些特征中任何一点都能成为企业招聘的法宝，帮助企业吸引优秀人才。在招聘过程中，招聘人员必须明确公司要向求职者推销自身的什么优势，然后将重点放在那些能被公司优势所吸引的潜在应聘者身上。

2. 选拔人才的策略

员工的选拔，是招聘工作中最重要的部分，也是技术性最强、难度最大的问题，它要求企业经营者一定要有识人、用人能力。

一般说来，企业所需要的人才，必须具备以下各项条件：

（1）敬业负责。一般说来，人的智力相差不会太大，工作成效的高低往往取决于对工作的负责态度，以及勇于承担任务的精神。因此，敬业精神应该作为企业选拔人才时优先考虑的条件。尤其现在许多年轻的员工对待遇和福利的要求愈来愈高，对工作不安心并且对企业越来越不忠诚。目前这类员工频繁流动的现象已使不少企业将保持员工队伍的稳定性作为企业人事管理的最高目标。

（2）善于学习。现代社会分工细致，各行各业所需的专业知识愈来愈专、愈来愈精。不过，现在有愈来愈多的企业在选择人才时，倾向于选用有学习潜力（即素质不错，有极高的追求成功的动机、学习欲望和学习能力强）的人，而不是已有专业知识与能力的人。近年来企业更流行的做法是在招聘人员时，加考其志向及智力方面的试题，其目的在于测验应聘者的潜力如何。

（3）自我了解。对人生进行规划或设计的思想近来逐渐受到人们的重视。人生目的明确、自我能力强的员工不会人云亦云，随波逐流。他们即使面对挫折，也能努力坚持，不会轻易退却，因而更能在生产或其他工作中发挥主观能动性。

（4）反应迅速。企业在经营中，面临诸多变化，几乎整天都处在危机管理之中，只有抢先发现机遇，确切掌握时效，妥善应付各种局面，才能立于不败之地。这就要求企业在选拔人才时，注重选择那些对问题分析缜密、判断正确而且能够迅速做出反应的人。

（5）敢于创新。现代社会科学技术的发展日新月异、市场的竞争瞬息万变，企业如要持续进步，只有不断创新。否则，保持现状即意味着落伍。企业所开展的一切工作都是以人为主体的，因此拥有学习意愿强、能够接受创新思想的员工，公司的发展必然比较迅速。

（6）善于沟通。对一个企业的员工而言，必然有面对老板、同事、客户等现象，甚至还需要处理企业与股东、同行、政府、社区居民的关系，平时经常会有与其他单位或个人进行协调、解说、宣传等工作。沟通能力的重要性由此可见。

（7）能够合群。员工在个性特点上要具有集体主义精神或合群性，几乎已成为各种企业的普遍要求。一个人再优秀，再杰出，仅凭自己的力量也难以取得事业的成功。凡是能够顺利完成工作的人，必定要具有集体主义精神。

（8）适应环境。企业在挑选人才时，必然注重所选人员适应环境的能力，避免提拔个性极端或太理想化的人，因为这样的人较难与人和睦相处，或是做事不够踏实，这些都会影响其他人的工作情绪和士气。

（9）人品优秀。道德品质是一个人为人处事的根本，也是公司对人才的基本要求。一个人即使其他方面再好，如果道德品质不好，也将会对企业造成极大的损害。尤其是近些年来，员工欺骗公司、在外行为不端、败坏公司形象等事件不断发生，也促使企业为了本身的形象和发展，对应聘者的道德品质愈来愈重视。

（10）身体健康。一位能够胜任工作的员工，除了品德、能力、个性等因素外，健康的身体也是重要的因素。一个身体健康的员工，做起事来精力充沛，干劲十足，并能担负较繁重的任务，不致因体力不支而无法完成任务。

不过，要想把这些人才统统收归麾下，企业的管理者还要努力克服自身一些不良的心理误区，诸如主观臆断、嫉贤妒能、唯文凭是举、任人唯亲、论资排辈等。要牢记用人以公、选人用人都要出于公心，出于组织的长远利益、出于组织的发展，而不是为自己或者小团体的利益，这样才会为组织发展储备良好的人才资源。

第五章 内部管理

权力控制：实现企业目标的必要保证

企业经营者负有实现企业目标的责任，为了完成任务，他被赋予一种强制别人的力量，这个力量就是权力。权力是推进工作的原始动力，是实现企业目标的必要保证。同时，它也是地位的象征。没有权力，很难树立威信；但有了权力也不一定获得威信，关键在于你如何使用权力和驾驭权力。

1. 用权

作为企业经营者，在管理企业的过程中，用好权力、管好权力是基础。一般来说，管理者在企业中有下面四种权力基础：合法权、奖励权和强制权、指导权、参考权。

(1) 合法权

即企业中领导职位所固有的合法的、正式的权力。这种权力来源于企业内部的条例，它规定管理者有权力去影响企业成员，这些成员有义务接受这种影响。

事实上，没有这个权力基础，运营将非常困难。在指令的每一个环节，只有执行的组织承认上一层次拥有合法权，自己也有义务接受这种影响，指令才能够被执行。而且，只有在合法权覆盖范围内，我们才可以行使权力，施加影响。如果在权力覆盖范围外，我们就需要采用权力外的其他管理方式施加影响。如果需要对一些组织或成员施加影响，就需要修改企业内部条例、授权、变更组织结构等方式，将合法权涵盖这些组织或成员。

从这个意义上说，企业经营者就一定要学会善用制度的力量。好制度胜过一切说教。不能否认，制度对习惯于“人治”的中国人来说，绝对是管好员工长盛不衰的法宝。因为经济学关于“人性是懒惰的”的假设，在商品经济社会里从提高管理效率的角度来说，还是放之四海而皆准的道理。人天生有种惰性，没有竞争就会固步自封，躺在功劳簿上睡大觉。所以，在任何组织中，都需要规章制度。一套好的规章制度是管好员工的关键，甚至要比多用几个管理人员还有用。关于这一点有一个经典的管理故事。有七个人住在一起，每天共喝一桶粥，但是粥每天都不够喝。一开始，他们抓阄决定谁来分粥，每人轮一天。于是每周下来，他们只有一天是喝饱的，就是自己分粥的那一天。后来他们开始推选出一个道德高尚的人出来分粥。但是强权就会产生腐败，大家开始挖空心思去讨好他，贿赂他，搞得整个小团体乌烟瘴气。最后想出来一个方法：轮流分粥，但分粥的人要等其他人都拿完后拿剩下的最后一碗。为了不让自己拿到最少的，每人都尽量分得平均，就算不公平，也只能认了。大家快快乐乐，和和气气，日子越过越好。

“轮流分粥，分者后取”的制度性规定，让组织的每个成员都达到了最满意的程度，这就是一个合理的制度。管理者要做的最重要一点就是建立一个这样合理的游戏规则，让每个员工按照游戏规则进行自我管理。游戏规则要兼顾公司利益和个人利益，并且要让个人利益与企业整体利益统一起来。责任、权力和利益是管理平台的三根支柱，缺一不可。缺乏责任，企业就会产生腐败，进而衰退；缺乏权力，管理者的号召力就变成废纸；缺乏利益，员工的积极性就会下降，消极怠工。管理者只有把“责、权、利”的管理制度建立得准确到位，员工才能“八仙过海，各显其能”。

具体来说，在企业管理过程中，管理者可以从这些方面建立健全员工管理制度。一是建立奖罚制度。奖罚机制就是对实践企业价值观的先进员工进行表彰与奖励，对违背企业价值观的人和事进行批评和处罚，从而对员工实践企业价值观起到导向的作用。二是健全企业文化制度。健全一种企业文化，让员工对这个组织有责任感和使命感。如企业庆典、员工联谊、劳动竞赛、定期评选先进模范等制度。三是建立完整的培训体系。特别是新员工的培训体系，使他们从进入企业第一天起，就受到完整良好的企业价值观的教育。可以提升员工技能，同时员工自身也得到提高。四是建立起良好的沟通系统。让决策透明化，同时也更好地提取员工的意见和建议，让企业上下保持信息流通。

(2) 奖励权

奖励权即现代管理中的激励，或者是正激励，如提供奖金、提薪、升职、赞扬、理想的工作安排和其他任何令人愉悦的东西的权力。这个权力基础存在的意义是引导下属成员往管理者期待的方向发展。公司在企业文化或者管理规章中或明或暗表示出管理者的意愿。在奖励权和下属的个人目标相重叠的时候，就可以产生“拉”的动力，实施影响下属成员的的能力。但是，如果奖励权低于下属的预期或者下属怀疑奖励是否实施或落实，抑或奖励权不是下属感兴趣的，那么我们的影响极有可能失败。

强制权，和奖励权正相反，具体表现为：给予扣发工资奖金、降职、批评、分配较差的工作，甚至开除等惩罚性措施的权力。这是一个“推”的力量，保证下属必须遵循管理者的影响。强制权的运用，是依靠组织的等级制度。如果没有触犯外部法律等制约因素，管理等级强的管理者，至少可以在短期内支配下属成员。需要指出的是，在特定的组织中，有时候处于优势的团队，可能实施抵抗这样的强制权，以维护小团队的利益。比如技术团队、运营团队等。

在管理实践中，要取得良好的激励效果，必须坚持奖励和惩罚相结合的原则。这样就能够有效地保持和加强员工的积极行为、减少和消除员工的消极行为，从而达到管理者预期的效果。具体来说，包括：

第一，奖惩结合，以奖为主。奖励和惩罚，目的都是为了引导人的行为向正确的方向发展。但强调奖励与惩罚并用，并不等于二者并重，因为人人都希望受到尊重和称赞，如果过多运用惩罚的方法，会带来许多消极的作用。因此，管理者运用强化理论时，应尽量采用正强化，以表扬、奖励为主，尤其是公开表扬，这是一种能使人获得自我满足的最有效的激励方法。要尽量少用公开批评，特别是尽量不用惩罚，这对消除消极因素、发挥积极性有着重要意义。因此，要把奖惩结合起来，以奖励为主，惩罚为辅。

第二，把握强化的时效。当一个人努力工作取得成绩的时候，最需要的是得到领导者的肯定和赞许；当人们对婚姻、住房、工资、奖金、职务、职称、事业发展、学习进修等存在着某种需求时，最需要的是得到领导的关心和帮助。领导要把握住激励的最佳时机，及时地雪中送炭，而不是雨后送伞，才能调动大家的积极性。

第三，奖惩一定要得当。乱赏乱罚决不会产生激励效果。因此，管理者在运用这两种权利提高管理效率时，首先应设置好目标。这个目标既不能过高也不能过低，而且要明确具体。另外，还要让员工参与目标设置，这样就可以提高目标的合理性。同时，参与方法能提高目标的可接受性，有利于员工把该目标变成自己的目标，从而提高实现目标的主动性和自觉性。

第四，避免奖惩办法单调。要使奖励或惩罚发挥作用，就必须因人制宜地进行。每个人都有自己的特点和个性，因而他们对具体奖惩的反应也会大不一样。所以奖惩办法应尽量不搞一刀切，形式多样化，才能起到实际的效果。

此外，在进行奖励时形式应不断更新，时间上应重视不可预期性和间歇性，使人有一种新鲜感，这样就会更好地发挥作用了。

(3) 指导权

指导权有时也称专家权，这个权力来源于某些特定领域。由于领导者或者某个成员具有某种专业知识和特殊技能而产生的权力，并因此而赢得同事和下级的尊敬和服从。指导权在企业运作中，很普遍地存在，它类似于现代管理中的教练式领导，对帮助下属成长、影响下属有序完成企业目标有积极的作用。

不过，领导者在行使这项权力时也要讲究技巧。研究显示，如果管理者表现出对员工的关怀，并愿意在适当的时候加以指导，那么员工就会努力工作，表现提高。管理者必须花时间与员工沟通交流，这做起来并不难。四处走走，与员工见见面，聊聊他们的生活，他们有什么业余爱好？他们的家人过得怎么样？他们的梦想是什么？这时，再问起工作上的挑战就不会显得不自然了。

以下是五个简单的指导步骤，任何管理者都可以借此帮助员工取得出色的业绩。

第一步，做好铺垫。在这个阶段，指导者应说明指导的目标，与员工探讨何时是展开谈话的适当时机，以及他们可以抽出多长时间来进行谈话，并简要说说你想谈些什么内容。如果这次指导是与纠正不良行为有关，那么此时就是个机会，使对方明白你是想帮助他。

第二步，就焦点达成共识。这是指双方对于要解决的问题达成共识。在进行漫长的谈话之前达成共识，这可以使你有机会在相关问题上获得不同的看法，并有助于确保双方“保持同步”。

第三步，探索各种可能性。焦点达成共识后，便开始探索解决问题的各种可能性。提出“开放式”问题来鼓励被辅导者畅所欲言，这非常重要。在阐述你的想法之前，你必须先仔细倾听对方，这样才能确保你首先了解员工在这个问题上的立场。然后，双方开始共同寻找可达成预期结果的新做法。

第四步，就行动计划达成共识。在这个阶段，你的目标是在如何继续开展指导以及需要哪些东西来达成双方都想要的结果等问题上与员工达成共识。如果你无法做到这一点，那么你必须回到之前的两个步骤，确保双方没有产生误解。在你们商定行动计划之后，接着应该就可实施行动步骤达成共识。你还应该让员工指出需要哪些支持。最后，你需要做出安排，对行动计划进行跟踪，以便检查进展情况。

第五步，跟踪并认可所取得的进步。这样做是确保双方保持沟通，提供反馈，并实施进一步的指导。这是个持续不断的过程，不同于每年一次的年度业绩评估。在这个阶段，你应该认可员工取得的进步，并鼓励员工保持下去。

（4）参考权

也称感召权，是一个领导者的品质、魅力、经历、背景或工作风格等，对其他成员产生共鸣、认同和敬佩。而产生的一种影响力。是由于领导者拥有吸引别人的个性、品德、作风而引起人们的认同、赞赏、钦佩、羡慕而自愿地追随和服从他。感召性权力的大小与职位高低无关，只取决于个人的行为。

追随人员因为感召或参考的存在，而自觉接受领导者的影响。这样就形成了权力的基础。在企业内部，感召权和其他权力基础混合存在，有时候不能明确区分，但在企业外部，宗教和政治的参考权表现得更为重要。

虽然以上原则不是非常精准，但它确实在某种程度上，为我们在企业管理中运用权力基础提供了理论指导。如果能将这些指导与良好的管理判断结合起来，在管理企业中可能具有真正的价值。

2. 授权

在《21条颠扑不破的领导原则》一书中约翰·麦斯威尔这样写道："管理者给予员工多大的权力，员工就会产生多大的动力。"有经验的管理者也确实会通过科学授权的方式，把自己从烦琐的事务性工作中解脱出来，用更多时间和精力去考虑、解决带有全局性的重大问题。而员工在得到授权后，也获得了更加灵活的发挥自己创造力与才能的空间。

但在实际工作中，有的领导者不相信下属的能力，担心项目会失败，员工会偷懒，因此不愿意向员工授权；有的领导者则把权力当成了身份，喜欢自己享受权力。事实上，如果领导者事无巨细都要亲力亲为，他怎能指望下属独立呢？事事都要依赖领导的下属又岂能成事？当领导不在场的时候，势必要成为一盘散沙。而对于独立性很强的下属来说，领导事必躬亲又会妨碍其工作的进展和其能力的发挥，一个有创意、有担当的人才也绝不希望领导常伴左右。一个成功的领导应该懂得"领导权力的应用在于让下属们拥有权力"。

但是，员工得到更多的授权并不等同于没有约束的权力下放，随意授权比不授权更不可取。因为授权太滥会造成不负责任和扯皮，另外，随意授权必然会造成公司员工之间关系紧张，责任心缺乏，影响工作成效。

因此，领导者必须学会授权，并要恰当地授权。这里，提供 6 个“有效授权”的窍门：

（1）寻找可以授权的任务。研究发现，领导 80%的工作都是可以授权的。在授权时，必须对自己职权范围有一个明确规定，按照责任大小把工作分类排队，自己只做最重要的 20%的工作，其他的都可以授权。如果你发现有的任务与工作不能向员工授权，需要反问自己：为什么不能授权？

不过，授权的目的是让下属独立地处理一些相对重要的工作，而不是将管理者厌烦或棘手的工作交给下属去做，否则这种授权不但不能让下属提高工作效率，可能还会引起下属的抱怨和不满。

一个最好的方法就是管理者在授权前形成完整的计划，列清楚授权要做的事情有哪些，这些事情的程序、步骤是怎样的，在每个过程中有哪些要点，预测到的可能出现的情况是怎样的，等等。具体来说，应该有以下几点：授权任务是什么，这项任务涉及的特性和范围怎样；授权需要达到的结果是什么；用来评价工作执行的方法是什么；任务完成的时间要求；工作执行所需要的相应权力有哪些。

（2）要熟悉你要授权的员工的背景、技术水平、资格、文凭及工作能力。这是为了防止大材小用，小材大用，有才不用和无才宠用。

授权的首要原则就是将权力授给能够胜任工作的人。因此，授权之前，领导者应该对下属进行完整的评价。如果发现有员工对自己的工作了解很深，并且远远超出你原来的预料，这些人就有可能具备担负重要工作任务的才能和智慧。如果你对职员的分析正确无误，那么选择能够胜任工作的人这一步就比较容易做好。没有正确选择授权对象只会有百害而无一益，切不可因人设事，或以自己的亲疏好恶授权，那样一定会贻误大事，不但不能帮助管理者成事，反而会把事情弄糟糕。量才任职、视能授权，循序渐进，这样才能充分发挥下属的潜能。

而且，领导者在放权时，能放也要能收，做到收放自如。毛泽东说："只有全局在胸，才能下出一盘好棋。"分散权力的同时还需要总揽全局，这样，领导者才能控制局面，这时候的分散权力更有意义。

(3) 明确地、有组织地传授工作秘诀。首先，必须向受权者制定明确无误的任务目标，说明授权范围和限度、任务截止日期和验收标准，以及期望的成果，目标要尽可能量化，切实可行。授权时必须给受权者全面的调用人、财、物、信息等的权力。其次，与授权的员工沟通时也要传达明确的信息。如何传达明白无误的信息呢？这就需要你把不同的有效方式结合在一起，向员工传达建议与指示。在检查员工是否理解管理者的指示与建议时，要善于积极耐心地倾听。

这里还有一个特别需要注意的问题，就是避免下属有责无权，这也是授权中最常见的问题之一。下属有责无权带来的直接的结果就是：下属频繁地向分派任务的上司请示或请求帮助；下属从雄心勃勃、摩拳擦掌逐渐变成垂头丧气、疲惫不堪，并开始抱怨上司；领导者也会发现他们一点也没有从"授权"中得到好处，反而更频繁地被打扰，他们仍没有时间从具体事务中解脱出来思考公司或本部门的发展战略问题；"授权"之后的组织并没有像期望的那样迸发出蒸蒸日上的生机，相反的却陷入一片混乱。

（4）授权后，领导者还须对被授权的下属的工作实行必要的监督和控制，支持员工坚持不懈地完成工作。

当员工需要支持与帮助时，你能够及时出现，为员工解答疑问，提供必要的帮助（尤其在员工开始接收授权之时）。如果在授权后，需要员工独立做出决定，你要让受权的员工知道他拥有这种决策权。出现问题时，要及时纠正，如果你不在场，安排其他人代替你帮助员工。对严重偏离目标、力不胜任或滥用权力的下属，要及时调整更换。

不过，要注意，不要稍有偏差就马上将权力收回。即使被授权者在一段时间内表现欠佳，也应通过适当指导或创造一些有利条件让其以功补过，切忌马上收权。否则，容易使被授权者产生自己不被信任的感觉，从而影响正常工作情绪。更值得注意的是，一旦收回权力后自己负责处理此事的效果更差，很可能使授权者花在协调工作上的精力和时间会大大超过不授权时自己做的精力和时间，得不偿失，产生的负面作用更大，等于没有授权。

总的来说，能否做到放权用人，反映了一个领导者能否正视手中的权力。不必事无巨细一肩挑，该放手时就放手。领导者下功夫做的事情，首先是对大局的判断和掌握，其次是协调团队，最后是让下属各尽其能。这样的领导不仅工作干得出色，还有闲暇时间进行学习，可以进一步增强领导能力。

时间管理：创造财富的必要条件

对于企业来说，时间就是生存与发展的力量之源，是帮助事业成功的保证，是创造财富的必要条件，大凡能够在事业上做出卓越成绩的人都是时间管理的专家。企业经营者通过对时间的有效管理，就可以提高工作和生活的效率，获得质量更高的工作和生活。

在一个企业的时间构成中，既包括管理者的时间，也包括员工的时间，因此，作为企业的管理者，要考虑的不是自己一个人或者某个人的时间，而是包括自己在内的所有人员的时间。

1. 自我时间管理

作为一个企业经营者来说，由于有太多的事务缠身，如何科学地管理自我时间就显得尤为重要了。一个合格的领导者必须能有效利用时间，利用好时间你就可以更高效地工作，更快乐地工作，而不是更辛苦地工作。

(1) 合理规划时间

任何工作都有轻重缓急之分。如果不分主次地平均使力，在时间上就是一种浪费。只有分清哪些是最重要的并把它做好，领导的工作才会变得井井有条，卓有成效。这里有三个原则：

一是目标 ABC 原则。就是首先要将工作目标分成三类：A ＝必须做的；B ＝应该做的；C ＝不值得做的。然后标 A 的项目尽量优先去做。把标 B、C 的项目留在后面去做，有时还要根据需完成的时间把 A 项分别列出 ："A-1"、"A-2" 等。这样就可以把时间真正用在处理最重要的事项上了。

二是时间管理四象限定律。就是按重要和紧迫的程度，确立做事顺序。首先在面临众多的工作任务时，把工作按照重要和紧急两方面的不同程度进行划分，基本上可以分为四个象限 ：重要而且紧急、重要但不紧急、不重要但紧急、不重要而且不紧急。之后，再确立正确的做事顺序 ：首先做"重要且紧急"的事情 ；其次做"重要但不紧急"的事情 ；再次做"不重要但紧急"的事情 ；最后做"不重要也不紧急"的事情。这样，就可以判断事情的轻重缓急，并做出有针对性的处理。

三是 80/20 原则。即 80%最有价值的工作只占全部工作的 20%。例如，你一天的工作有 15 件事要完成，依据 80/20 的原则，其中只有 3 件事是需要集中你 80%精力和时间完成的，这样你就可以取得 80%的价值，即最大的价值。所以你要认真地挑选价值 80%的 3 件事去做，其他的 12 件事可以慢慢去做或没有时间就不做，因为这 12 件事所取得的价值，远远低于你所挑选出的 3 件事的价值。

（2）不要浪费时间

很多管理者即使合理的规划了时间，但也往往会在具体操作中存在浪费时间的现象。而管理者的时间一旦出现浪费，对整个部门伤害极大，严重的可能会导致部门、单位低效率重复劳动，最终成效不彰。要想避免浪费时间的现象重复出现，下面也有几个法则需要掌握 ：

一是不值得定律。也就是说不值得做的，千万别做。因为用在一项活动上的资源不能再用在其他的活动上，不值得做的事所用的每一项资源都可以被用在其他有用的事情上。

二是坚持定律。最浪费时间的一件事就是太早放弃。人们经常在做了90%的工作后，放弃了最后可以让他们成功的10%。这不但输掉了开始的投资，更丧失了经历最后的努力而发现宝藏的喜悦。

三是勤劳法则。其实我们每一个人的骨子里都有“懒惰基因”，作为管理者，你一定要知道什么时候应该充分调动自己的积极性。下面几个建议可以助你成功：使用日程安排表，如果你对何时应做何事心中无数，这个工具有助于你把所有资料很有条理地记录下来；在家居之外的地方工作，家里分心的东西多，电话铃、门铃、家人邻居干扰、电视机、录音机、家务活等，离开家，这也许是你为了能开展工作惟一要做的自我约束；及早开始，许多人在意识到时间不够而无法完成计划中的事时，干脆把整天一笔勾销，什么都不干，解决办法是养成及早开始的习惯。

四是授权原则。一个人包打天下，是很难提高效率的。解决办法是把工作委托给更适合做、更乐意做的人，授权他们去干，你和他们就都成了赢家。

五是最后通牒效应。许多人的拖沓已经成了习惯。对于这些人，要完成一项任务的一切理由都不足以使他们放弃消极的工作模式。如果你有这个毛病，你就要重新训练自己，用好习惯来取代拖沓的坏习惯。每当你发现自己又有拖沓的倾向时，静下心来想一想，确定你的行动方向，然后再给自己提一个问题：“我最快能在什么时候完成这个任务？”定出一个最后期限，然后努力遵守。渐渐地，你的工作模式会发生变化。

2. 员工时间管理

管理者的时间固然重要，但员工的时间显然占有更高的权重——员工的执行力直接影响业绩和利润。员工的工作随意无序、办事拖沓，将影响到整个公司业务的运转状态。要求所有的员工与管理者运用同等的时间是不现实的，而若要管理者去帮助他的每个员工做一份工作日志，更是天方夜谭。

企业的时间管理说到底要借助管理者的时间管理技巧及多方面的力量，比如人力资源的监管、办公软件的辅助、多媒体信息化的应用，并最终形成习惯，这样才能将企业的时间管理带入良性循环。具体来说，管理者可以从以下几方面来做：

（1）对下属明确时间要求。领导者给下属安排工作要有明确的时间规定，不能只给任务，不限时间，必须提出严格要求，并经常检查工作完成的进度，才能保障工作的时效性。

（2）建立“日落检查”制度。何谓“日落检查”呢？就是每天晚上要检查当日的工作效果。有了检查，就会产生不一样的结果。因为下属永远只做你即将检查的事情，而不做你希望的事情。如果不能每个晚上进行检查，也可以每个礼拜检查一次。当然，这种检查并不一定要亲力亲为，你可以安排一个人专门检查公司其他同仁的工作状况。

（3）适当建立奖惩制度。这也不失为一种好方法，按时完成或提前完成工作任务的应给予表彰和奖励，不能按时完成工作任务、作风拖沓的要给予批评和惩罚。

（4）减少不必要的耗时工作，例如节省会议时间。会议确实是集体沟通、下达指令、验收成果的重要方式，但是如何节省会议的时间，又能达成很好的结果呢？我们可以参考日本美能达公司的会议特色。美能达公司的会议室十分简陋，很简单的白墙，会议桌是几张旧办公桌拼出来的。一进门显眼的位置上，张贴着参加会议的人员名单，还有每个人每分钟的成本，并且还列出本次会议进行的每分钟总成本。会议室内没有椅子，与会人员站着开会。会议过程中，大家不说废话，直接进入主题，很快就结束会议。

另外，现代社会，电子邮件非常普及，可以使用电子邮件先把会议的资料发送给每个人。会议资料上需要先列出预计的结论，如果参会人员都同意这样的结论，那就不需要再讨论。会议中只讨论那些还有争议的问题；选择参加会议的人员也很重要，不需要把所有部门主管全都请来开会。参会人员应该是跟本次议题相关的人员。如此，可以使会议占用的时间降到最低。

不过，企业经营者也不要走入时间管理的误区。我们强调节约时间，珍惜时间，并不是说，每时每刻都要紧张，一天到晚忙碌不停，掌握“有张有弛”的用时之道也十分重要。要使自己在工作时间保持充沛精力，高效率做好工作，就必须有一定的时间放松自己，通过轻重工作的搭配，通过工作与休息相结合来做到有张有弛。工作时弓张弦满，全力以赴，休息时松弛身心，舒展精神。这样，我们才能养精蓄锐，以饱满的工作热情倾其全力做好各项工作。

员工管理：打造一个坚强高效的团队

现代社会竞争日趋激烈，公司招人难、用人和留人更难。如何稳定员工队伍，如何留住有能力、有潜力的下属，如何让下属死心踏地追随你，成为你的得力助手，是每一个企业管理者都要面临的巨大考验。

每一个出色的企业经营者，无一例外地一定是一个具有完善的人格，时时处处展现出既权威又亲和的领导风范的人。他们不但是激励下属工作意愿的高手，而且还是有超强沟通能力的人，他们浑身上下都散发出吸引人的强大魅力。他们有和下属相处的各种高招，有与下属共同努力奋斗的各种能力，有将下属凝聚在自己身边的各种方法。尤其重要的是，他们能够带领下属屡创佳绩，为下属、为自己，也为企业赢得了更广阔的发展空间。

可并非所有的领导都是个中高手。管人是艺术，是谋略，还有许多不善管人的领导者，受累不讨好，常常得罪人，自己被搞得焦头烂额，手下的团队也是一盘散沙。

那么，如何才能将广大员工的潜能充分发挥出来，汇聚成强大的力量，创造事业上的辉煌呢？

1. 树立领导权威

管理者与被管理者的区别就在于管理者在群体组织中处于组织、指挥、协调和控制的地位。被管理者必须为实现领导目标，按照管理者的决策和意图行事。管理者要凭借手中权力产生的控制力与影响力，对部属产生约束力量，正是这种力量才使部属有了发挥作用的保证。

不过，权力和权威并不是一回事。权力是既定的、外在的、带有强制性的；而权威则是一个领导者的影响力，既包括权力性影响力，也包括非权力性影响力，更多的来自下属的一种自觉倾向，是由领导者在被管理者心目中形成的形象与地位决定的。你可以强制下属承认你的权力，但却无法强制下属承认你的权威。

那么，怎样才能树立起领导权威呢？

首先，作为管理者必然拥有强制性影响力，也就是权力性影响力。权力是构成一切正式组织的必要条件，既是一种控制力，又是一种影响力。正确理解并使用这个权力是管理者面临的永恒主题。

（1）作为权力的必须行使人，你应该认识到，对权力的制约是不可少的。管理者的权力需要，可以用一个坐标图来表示：权力需要与管理绩效的关系是一个倒“U”形的曲线。当权力需要过高或过低时，管理绩效都很低；而当管理绩效最高时，权力需要处于中等水平。因此，管理者在管理活动过程中，既要保持一定的权力需要，又不能使其无限制地膨胀。

（2）要善于授权。现实生活中，许多管理者喜欢做“保姆”型的管理，不愿授权给部属。他们不善于激励下属发挥积极性和创造性，只擅长揽权，越俎代庖，凡事别人休想插手，议事也只走走过场，因而常引起部属的不满而与他们发生矛盾和冲突。这种行为发生在高层管理者身上居多。其实，管理者要善于授权、敢于授权，并在授权中将监督和指导结合起来，形成大权集中、小权分散的局面，这样才能更有效地发挥权力的作用。

（3）进行具体指导。管理者不能一味命令部属“要这样做”，更要使部属明确为什么“要这样做”，并且指导他们有效地去执行命令。总想利用自己的权势影响和控制他人的思想与行为，把自己的观点、意见强加于他人，并不择手段地把他人的观点压下去，是不能叫大家信服的。

（4）要具有无私精神。执法者客观上拥有行使权力的合法地位，但不能炫耀权力、滥用权力，甚至以权谋私、追求个人特权。如果这样做，部属也必然会产生种种对抗力；并产生抵制权力，摆脱权力的反作用，从而削弱权力的效果。所以，执法者必须以身作则，罚不避亲、赏不避仇，这样才能取得运用合法权力的巨大效果。

其次，管理者的影响力还来自于非权力性影响力。它不是外界赋予的那种奖励和惩罚别人的手段，而是来自于管理者的自身因素，其中包括管理者的道德品质、文化知识、工作才能和交往艺术等。其实，这与员工群体接受影响的心理机制密不可分。这一心理机制，就是导致员工一致行动的模仿、暗示和认同。

（1）模仿。由于管理者本身所处的地位，他的品德、行为、处理问题的力法以及言谈举止和喜怒哀乐等情绪，都容易被员工自觉或不自觉地接受、模仿，那么，管理者就可以利用“模仿”这一心理机制，来发挥自己在员工中的影响作用。

（2）暗示。在管理活动中，管理者的一个恰当的暗示，能够直接沟通上下级之间的思想感情；一个赞许的目光，会使员工乐于受命，勇气倍增。管理者可以运用暗示的心理机制，把自己的意志和情绪，作为一种特殊信息传递给员工，从而充分发挥自己的影响力。

（3）认同。在群体活动中，人都有一种强烈的从感情上要将自己认同于另一个体，尤其是认同于管理者人格特质的心理趋向。也正是这种心理趋向，加强了群体或组织的整体性。高度的认同，还会使个体与管理者休戚与共，荣辱相依。我们常说管理者要和下属打成一片，就是指管理者要具有一定的透明度，在感情上尽可能地接受下属员工，与员工要有共同的语言，以取得员工的认同。

总之，管理工作就是一个发挥自身威信而产生力量的工作，管理艺术就是不断提高自身威信的艺术。而一个不善于树立个人威信的管理者，很难受到下级的认可，也就很难创造出优良的业绩。

2. 保持良好沟通

世界上没有一种动物能够真正单独地生活，必须要依靠各种方式和同伴相互沟通，才能存活下去。在企业中，保持畅通无阻的上下沟通，也是非常重要的管理内容。正如著名管理学家巴纳德所说：“沟通是一个把组织的成员联系在一起，以实现共同目标的手段。”而调查中我们也发现，管理中70%的错误是由于不善于沟通造成的。因此，作为企业管理者，掌握一定的沟通技巧十分必要。

（1）向下属清楚地表达

很多时候，人总是喜欢以自我为中心，认为别人会清楚自己的想法，而且也总是把自己作为所有事物的焦点，认为其他人应该刻意地去了解自己。对于这一点，管理者尤甚。他们经常说：“你应该知道我想要什么。”“这种事情还用问我吗？”但现实的情况却是，很少有人会刻意去了解一个人，下属对管理者的心思也总是“猜来猜去也猜不明白”。

因此，管理者必须明确向下属表明自己的想法，要向他们清楚地表达自己希望达到什么样的目标结果，希望他们怎样做。如果要靠员工自己去领悟、理解、体会，那么暂且不说员工可能得出错误的目标，最终导致行为选择的失误，从而无法达成想要的结果；即便是员工得出了正确的目标，员工又要花费多少时间和精力，来做一些本没有必要的工作呢？在此期间，事情会有怎样的变化？机会成本又是多少？管理不是一场谁重要谁不重要的权衡，更不是谁该统治谁的游戏，管理所追逐的只有效益，而效益产生的前提就是——有效率地做正确的事情。所以，管理者请不要让下属玩猜谜游戏，要清楚地告诉他你想要的。

（2）站在员工的立场

管理者与下属的沟通需要设身处地，将心比心。许多沟通工作没有做到位，并不是我们没把道理讲清楚，而是由于沟通双方固执地据守本位，不替对方着想。如果换个位置，沟通就会容易得多了。在沟通中，当对方行为退缩，默不做声或欲言又止的时候，管理者可用询问引出对方真正的想法，去了解对方的立场以及对方的需求、愿望、意见与感受。比如可以用聊天的方式开头，“最近工作如何”、“公司最近比较忙，累不累”等，这样可以为要说的话铺路，还可以营造比较自然的谈话气氛。

（3）积极倾听

管理者积极倾听，可使对方产生好感，从而发表更多的意见。在这方面，通用电气公司和西门子公司都做的很好。通用电气公司从CEO到各级领导都实行“门户开放”政策，欢迎职工随时进入他们的办公室反映情况，对于职工的来信来访妥善处理，公司的最高首脑和公司的全体员工每年至少举办一次生动活泼的“自由讨论”。而西门子公司则采用“与员工对话”的方式，经理倾听员工的意愿，与员工共同商讨发展的渠道，最后双方再共同制定目标与计划。

但是，有些管理者只是不断地讲话，从来不管下属的心情。这种管理者不仅无法了解到任何情况，而且下属在面对这种永无止境的演讲时，通常会觉得兴趣索然。管理者除了要注意仔细聆听外，也要注意简单地复述已听到的部分，以确定没有听错下属的意思。这么做也可以让下属知道管理者真的在乎他们的谈话。

另外，管理者是否具有平等意识，是否善解人意，是否善于洞察下属的内心，是否能及时填补下属需要的漏洞，等等，都是达到充分沟通的重要条件。

3. 营造组织气氛

组织气氛，即“工作地点的氛围”，也就是员工在某个环境中工作时的感受，是影响个人及团队行为方式的“标准、价值观、期望、政策和过程”的混合体。无可否认，一个良好的组织气氛更有助于激发员工的积极性，提高工作效率。

那么，作为一个管理者，应该如何在自己的企业中营造一个良好的组织气氛呢?

（1）为员工塑造一个良好的工作环境

一个人在公司工作往往追求两个目的，一个是收入，另一个就是在工作的感觉。例如，在微软公司，人才在自己专有的办公室内苦思冥想，窗外是安静而美好的大自然，他们在身心愉快的环境中工作，哪怕工作压力再大，也会乐在其中。而如果让员工在感觉压抑的地方工作，那每天都要忍受煎熬。

（2）为员工营造一个良好的企业文化

组织氛围，不仅包括办公设施等硬件环境，还包括企业文化等方面的软环境，后者比前者还要重要。如果一个公司推行固定薪酬制，员工每月拿着一成不变的工资；公司里充满恶性竞争和办公室斗争，同事间你争我斗，关系非常紧张；这种公司就算硬件设施再好，也会让人很压抑，很疲惫，没有一点激情。成功的公司会通过规章制度、企业文化来营造一个和谐的工作氛围，让员工觉得自由宽松，积极向上。

（3）为员工提供一个积极的情绪感染

管理者的情绪可以感染给下属。我们看到，无论是工厂还是公司，如果最高领导层的厂长或总经理发生变动，那么职员的工作热情也会产生变化。有时，职员会像换了个人似的干劲十足，衰败的公司或工厂也会转眼间兴旺起来。仅仅因为管理者热情的不同，就会带来如此之大的差异。

因此，要想让你的企业充满激情与活力，让组织充满一种乐观、积极向上的氛围，首先就要求领导自身要做到有激情、乐观和积极向上。每天毫不倦怠，不断地点燃自己的进取心，使“不达目的不罢休”的执著和热情不断发光发热，并以此影响全体成员、影响整个工作环境。员工可以从你的言行中受到鼓舞、唤起激情、激发士气，从而努力工作。

总之，拥有良好的组织氛围是成功企业经久不衰的关键所在。令人愉快的企业氛围能形成强大的吸引力和凝聚力，不但可以留住人，更能留住人心。只有在气氛良好的企业中工作，才能顺心、舒心、有奔头，才能心甘情愿为其奉献青春，贡献力量。所以，作为管理者，一定要为企业营造一个良好的组织氛围，才能使各类人才得以充分发挥，使企业得到更大的发展。

4. 激励员工士气

对于企业来说，就是要提高它的经济效益与社会效益，因此，激励员工士气，调动他们工作积极性，是每个管理者都需要学会的管理措施。如何激励员工？下面是几种在实践中被证明行之有效的激励方法：

（1）目标激励

制定目标是正规的组织及其内部协作的出发点，这也是一个组织存在的目的。没有明确的、精确的、可以传达的目标，就无法进行管理。制定目标不仅是企业发展和管理本身的需要，而且是激励员工的需要。高尔基说过："一个人追求的目标越高，他的才干就发展得越快，对社会就越有用。"可见，目标对个人发展有巨大的激励作用。员工参与目标的制定，可以看到自己的价值和责任，感到工作的乐趣，并从实现目标中获得满足感。目标制定还有利于上下左右之间沟通意见，减少完成目标的阻力，保证目标的完成，并使个人利益与企业目标得到统一。

另外，这里的目标也包括员工个人发展的小目标，即企业应建立内部晋升机制，从内部提拔晋升人才，让员工看到希望，觉得在公司里有前途、有奔头。同时，企业还应建立管理、专业技术职务两条晋升路线，使每位员工都有晋升、晋级的希望，使管理职位、非管理职位的专业技术人员都有希望获得提升，获得高薪，从而避免有专长的员工因无管理职位可升迁而离职，也能够激发广大员工学习专业技术的积极性，有利于员工个人成长与发展。

（2）危机激励

一个公司如果人员长期固定不变，就会缺乏新鲜感和活力，容易养成惰性，缺乏竞争力。但是如果把忧患意识注入竞争机制之中，员工就会有紧迫感，就能激发进取心，企业才能保持恒久的活力。以日本本田公司为例，本田先生为了尽早打破销售部只会维持现状的沉闷气氛，经过周密的计划和努力，把松和公司销售部副经理、年仅35岁的武太郎挖了过来，替换了原来思想守旧的销售部经理。武太郎接任后，把他丰富的市场营销经验、过人的学识、惊人的毅力和工作热情带进销售部，员工的工作热情被极大地调动起来，活力大为增强。而且销售部作为企业的龙头部门带动了其他部门经理人员的工作热情和活力。在公司上下形成了百舸争流、万马奔腾的局面，达到了“不待扬鞭自奋蹄”的理想效果，公司效益自然也不言而喻。

一个团队需要不同性格、不同技能、不同工作经历的人加盟，如果都是清一色的员工，那么这个团队产生奇思妙想、产生高绩效的可能性是微乎其微的。在注重团队建设、致力团队沟通的今天，适当地吸引一些“能人”加入团队，会给整个团队带来活泼的工作气氛，带来创新，带来多赢。

（3）薪酬激励

薪酬，对于调动员工的积极性起着关键的作用。日本企业家稻山嘉宽也曾指出：工作的报酬就是工作本身。

管理者在对员工实施薪酬激励时，除了提高薪资之外，还要注意保证薪酬体系相对公平。这里的相对公平主要是指内部公平。在外部公平基本达到要求的情况下，内部不同工种、职位、等级之间薪酬的不公平尤其会引发员工的强烈不满。例如，如果营销主管得知他的顶头上司——营销经理的薪水是他的数倍，但所做的工作内容却与薪水差距不符时，他一定无法忍受。要知道，其实他对薪酬本身是满意的，真正促使他愤怒的原因是薪酬差距不合理，缺乏内部公平性。

另外，这里的报酬，除了物质报酬之外，还包括精神报酬。例如，一句祝福的话语，一声亲切的问候、一次有力的握手、都将使员工终生难忘，并甘愿为你效劳一辈子。当员工工作表现好时，不妨公开表扬一下；当员工过生日时，一封精美明信片、几句祝福问候语、一次简易生日 PARTY，将会给员工很大的感动。与员工一道吃个晚餐或一起喝杯咖啡，花不了你几个钱与时间，其作用却是巨大的，能带给员工莫名的荣耀与冲动。对下属员工提出的建议，微笑着洗耳恭听，一一记录在册，即使对员工的不成熟意见也一路听下去，并耐心解答，员工好的建议与构想，张榜公布，发给奖金，奖励一个人，激励上百人，所有员工的干劲就会调动起来了。

5. 妥善化解冲突

管理者的目标应该是避免冲突、避免破坏。员工有权在没有敌意和威胁的舒适环境中工作，但冲突在工作中很难避免，管理者要把握的关键在于，如何站在一个公平公正的角度去处理，不让冲突破坏了整个企业的整体团结。不过，也没必要视冲突为洪水猛兽，事实上，适当的管理可以使冲突变成促进目标达成的有利工具。冲突可以使管理者找出问题及其解决之道，并及时发现成见、不平等的事情，还可以让员工说出自己的意见。

（1）妥当处理员工的抱怨

抱怨无非是一种发泄，抱怨者需要听众，而这些听众往往是他最信任的人。当你发现你的下属在抱怨时，你可以找一个单独的环境，让他无所顾忌地进行抱怨，你所需做的就是认真倾听。只要你能让他在你面前抱怨，你的工作就成功了一半，因为你已经获得了他的信任。另外，除了从抱怨者口中了解事件的原委以外，管理者还应该听听其他员工的意见。如果是因为同事关系或部门关系之间产生的抱怨，一定要认真听取双方当事人的意见，不要偏袒任何一方。在事情没有完全了解清楚之前，管理者不应该发表任何言论，过早的表态只会使事情变得更糟。

对于抱怨的处理，也要区别对待。如果它仅仅来自员工的习惯或敏感，可以通过与抱怨者平等沟通来解决。管理者在认真听取抱怨者的抱怨和意见之后，要对抱怨者提出的问题做认真、耐心的解答，并且对员工不合理的抱怨进行友善地批评，这样做就基本可以解决问题；如果是因为公司的管理或某些员工的工作出现了问题，那么，你要做的就是先使其平静下来，阻止住抱怨情绪的扩散，然后再采取规范工作流程、岗位职责、规章制度等措施。在规范管理制度时，应采取民主、公开、公正的原则。对公司的各项管理规范，首先要让当事人参加讨论，共同制定，对制定好的规范要向所有员工公开，并深入人心，只有这样才能保证管理的公正性。如果是员工失职，要及时对当事人采取处罚措施，尽量做到公正严明。

（2）化解员工的敌对情绪

首先，不管下属与你之间有什么过节，也都是因为工作而引起的，你们之间没有什么不共戴天之仇，因此你也没有必要用另外的眼光看待这样的下属，更不要用什么不光彩的手段去整治这样的下属。

其次，敌意不可能是凭空而来的，它必定有其原因。管理者应该寻找导致下属心存敌意的原因，并有针对性的去解决问题。

如果是自己什么地方做错了，那么我们只有真诚地去道歉，并且表明并非是有意在针对他，相信明事理的下属会接受这样的一份诚意的。

如果是由误会产生的，沟通就体现出它的作用了：误会一旦被挑明，那么只要解释得合情合理，敌意必定会烟消云散。你再适当地表明这样一层意思：既然误会已经解除，那么一切还是回到从前，自己并不会因为这件事就对对方区别对待。这样一来，下属既会因为误会了你而心怀歉意，更会因为你的宽容和既往不咎而心存感激。

如果是由批评引起的，你就要避免那些引起下属敌意的做法。因为说实话没有人喜欢被批评，而对管理者而言，批评又是工作中非常必要的。因此，作为一个领导，一个上级，批评下属的时候要讲究方法，这样才能避免招来下属的敌意。例如，可以把幽默技巧用在批评犯了错误的下属身上，往往能收到良好的效果。

此外，还有一种被称为"背后鞠躬"的劝说术，让第三者佯作无意地向对方道出你的善意或友好的想法，往往能够让不睦的职场人际关系来个大转折。如果经过你积极的努力仍不能化解下属的敌意，并且你已经做到仁至义尽了，他对你的敌意还是有增无减，这时你就不要再心慈手软了，可以将其调离或开除，不这样，你就无法正常地工作。你也不必为此感到内疚，因为你已经给他机会了。

财务税收：不懂财务知识就当不好老板

企业经营者要学会用数字来表达经营，就必须要懂得财务。懂得财务不仅能够让自己清晰知道目前企业经营的问题，还可以通过财务分析帮助自己更好地掌握经营风险，分析企业的优劣势，更好地选择能创造价值的项目或产品，所以财务对于创业者来说是非常重要的事项。

1.“钱要怎么找”——创业资金的获取

筹集资金是开创事业最基础的工作，是一切的开始。许多人可能会有一些很好的想法和目标，但当问到他们需要多少投资，资金分别做哪些方面的应用以及所需资金如何获得等问题时，却是一片茫然，因为他们太缺乏这方面的知识了。

创业所需资金的多少一定要通过仔细论证、认真推敲和详细的财务预算来估量。投资数额与创业规模、经营品种、经营方式及竞争对手的情况等因素有关。通常，创业者需要制订多个方案，并对这些方案做较为详细的比较，详细列出每个方案的支出，并对每个方案可能产生的利润进行核算：如预付多少租金、房屋装修费是多少、添置多少设备、需要多少人力等一系列的问题。确定的数额要与同行、同规模的企业进行比较，再看这个数额是否可行，是偏高还是偏低，这样不至于出现太大的误差，以免造成资金不必要的浪费。

一旦确定了投资额度，接下来，对缺乏自有资金的创业者来说，是否拥有融资渠道和融资能力，就是决定其创业能否成功的关键了。创业者需要充分考虑自己筹措资金的能力和可能挖掘的资金筹集渠道，找到可以给你提供创业帮助的人。

需要特别注意的是，创业的阶段不同，适合的融资方式也不同。创业初期，尤其是小本生意创业者的周转资金有限，也很难看到前景，这种情况除非有固定资产作为抵押，否则很难通过贷款的方式融资，所以这个阶段，建议“3F”式融资，或者寻求政府的扶持基金。所谓的“3F”是指，家庭、朋友、合伙人。这种融资方式在行业内称为内部融资。其中最靠谱的就是团队融资：以公司发展为同一目标的投资方式，风险低，成本低，无需资质审核，来款快；不过也有缺点，见到利润急于分红，难免出现把继续发展的钱分走的情况。发展中期，企业拥有了一定的根基，可以采取银行、典当、小额贷融资方式，这期间要利用家庭或创业者的资产进行抵押融资。当然也可以考虑企业上下游商业融资。成熟期，企业依然需要融资，此时的融资需要前期筹划，积累固定资产、合理配置资产结构等，都需要考虑在内，这样才能巩固自己的基石。

2. “钱要怎么管”——资金的管理方法

财务管理的范围涉及到公司的每一个经营管理环节，同时相应会延伸到很多管理层面，如费用管理、人员管理、投资管理等。很多公司目前存在的问题是：在资金的使用方面极其盲目，没有计划性，不进行统筹安排，完全根据经验判断，没有科学地进行资金上的管理和安排；还有一些公司管理人员不懂财务，不关心实际结果，片面追求一些指标上的好看，造成资金的无序使用，严重的产生资金断流，使企业陷入困境甚至破产。从这个意义来说，资金管理的要点是建立科学的、合理的管理制度和方法。

一是要建立健全的货币资金管理制度。严格职责分工和审批授权制度，这主要包括货币资金的管理职责与记账职责分离，要由不同职责的人员共同完成。货币资金的使用与支付要有严格的授权和审批制度。

二是要建立货币资金的记账制度。货币资金应做到日清月结，确保资金的完整。库存现金要定期与账面余额相核对，银行存款账面余额要定期与银行对账单核对。

三是要严格货币资金收支凭证的管理。加强对现金支票、转账支票以及与收支相关的发票收据等凭证的管理，建立严格的凭证保管、使用、签收、登记、废除等管理制度。

四是要严格执行国家有关规定，正确使用现金，按结算纪律处理货币资金的收支。

3. “钱要怎么花”——现金支出的控制

很多企业经营者都认为花钱不算什么难题。其实，知道怎么赚钱固然是最难的，但怎么花钱一点也不比怎么赚钱容易。这里有两个要点需要掌握：

(1) 成本控制

成本控制是必要的，但盲目地降低成本不仅不会增加利润，反而会给企业带来更大损失。比如，为了降低制造成本，采用品质较差的原材料或雇用素质较差的工人，反而会因为故障率增加、造成高额的维修成本，甚至增加未来法律诉讼成本。那么，到底如何才能让成本变成利润呢?

首先是让成本去找赚钱的产品。判断任何事物之前，必须有信息作为基础。谁在提供信息呢？绝大部分企业依靠财务人员提供的各类报表。但这些报表所反映的内容是不完全、不完整的，而且通常反映不出问题的根本之所在。因此，要求我们在判断成本影响因素之前，首先详查企业的每个作业活动，找到成本发生点。一旦发现某个部分的成本高于市场供给价，就应该大胆采用市场所提供的产品或服务，降低这个环节的成本。只有这样，企业才能最大限度地获取利润。

在找到赚钱的产品后，就要寻找好的经销商。在经销商的选择上企业可以按照下面的公式计算经销商贡献 ：

销售额＝销售总额－销售退回

折扣后的销售额＝销售额－销售折让

销售净额＝折扣后销售额－现金折扣

销售毛利＝销售净额－销售成本

经销商贡献＝销售毛利－促销费用（针对经销商的促销费用）－销售费用（由企业承担的销售费用）－其他销售支持费用

计算出所有经销商的贡献后，再按贡献的大小排名。此后，企业应该撤换掉排在最后五名的经销商，再找更好的经销商。这也是企业优化资源的一种方式。

另外，还要让成本找到有价值的客户。创业的时候，产品只要能卖出去，不管卖给谁，你都会很开心。殊不知，客户的优劣也会影响你的盈利。假如企业销售出去 100 套产品，有 70 套收回了现钱，还有 30 套收不回来钱。30 套的总成本可能会超过你卖了 70 套的利润。表面上企业卖得多，但是因为应收账款回不来，企业照样亏损。所以应该核算企业的收账成本和维护客户的成本，建立客户等级，实施分级管理。

最后，还要让成本去找一个称职的经理。我们知道，一个区域经理管理维护着许多客户，对企业的发展起着重要作用，那么，创业之初就需要谨慎选择区域经理，对他们进行考核，裁掉没有贡献的经理，给称职的经理配备更多的人员、分配更多的资源，鼓励其带领团队开发更大的市场。

（2）合法避税

合法避税是指在尊重税法、依法纳税的前提下，纳税人采取适当的手段对纳税义务的规避，减少税务上的支出。合法避税并不是逃税漏税，而是正常合法的活动；合法避税也不仅仅是财务部门的事，还需要市场、商务等各个部门的合作，从合同签订、款项收付等各个方面入手。

利用纳税人身份达到合法避税：除特殊委托加工和进口货物的纳税人均为一般纳税人。

选择不同行业进行投资：在税法中，行业不同，其税负也会区别对待，有的行业没有任何税收优惠条件，有的行业却有大量的税收减免优惠政策。所以投资者在投资决策时就可以避重就轻，选择税负轻的行业来避税。

选择不同性质的企业进行投资：我国在税法及具体执行过程中，内资企业和外资企业的税收负担是不一致的，普通企业和股份公司的税收负担也不一致，一般股份公司与上市公司的税收负担又有所区别。通常，外商企业有着大量的税收优惠政策，上市公司比非上市公司、股份公司比普通企业具有税收减免政策。

选择不同地点投资：我国税法规定，经济特区和沿海经济开发区的企业就比内地企业享有众多的税收优惠，所以其税收负担要轻得多。

转让定价：通过关联公司，达到整体最大限度的逃避纳税义务。对产品、劳务的交易不按市场价格进行，在税率高地区采用高进低出，在低税率的地区低进高出，以达到整体的避税。一般在跨国公司中才采用这种形式。

公司存货计价避税：利用公司内部具体的核算方法和存货的市场价格变动，采用高转成本，低转利润的办法。

折旧：采用税法允许而对公司有利的折旧方法。

资产摊销法：对无形资产、递延资产、低值易耗品、包装物、材料的推销尽可能保持成本最大化，税前利润最小化。

筹资租赁法：以支付租金的方法降低公司利润和税金。

挂靠避税：例如挂靠科研避税法。我国税法规定，对大专院校和专门从事科学研究的机构所进口的仪器、仪表等，享受科研用品免税方法规定的优惠，即免征进口关税以及增值税。同时，为了促进高科技产业的发展，对属于火炬计划开发范围内的高技术、新技术产品，国家给予相应的税收优惠政策。由此产生了挂靠科研避税法。

4.“钱要怎么收”——应收账款的回收

俗话说：“会销售是徒弟，会收款才是师傅。”若只是在账面上列出“资产、存货若干”、“应收货款达多少”，而实际账款是否都能收回则很难说的话，一定会对公司可持续发展带来潜在的隐患。

那么，钱到底要怎么才能收得回来呢?

据有关数据统计，实施事前管理可以防止70%拖欠风险；实施事中管理可以避免35%的拖欠；实施事后管理可以挽回41%的拖欠损失；实施全面控制可以减少80%的呆账和坏账。也就是说，要实施事前、事中和事后的全过程的、全面的控制，才可以有效地控制拖欠风险，降低催收的难度。

(1）事前管理（交货前）

首先要制定合理的信用政策。包括信用标准、信用期限和现金折扣等方面的政策制定。如果制定的太严格，虽然企业遭受坏账损失的可能性会很小，但是必然丧失一定的潜在客户。反之，如果政策较松，虽会因大量增加销售收入而增加收益，但是坏账损失、应收账款的机会成本和管理成本也会相应增加。至于如何才能制定出合理的信用政策，需要根据顾客有关信用状况的资料进行定性分析。这也就涉及到了事前管理的第二个内容——建立客户诚信档案库。即在做好客户记录的基础上，对客户进行信用评估和信用分级，逐渐淘汰劣质客户，巩固优质客户网络。

最后，还有一个重要内容，就是要健全回款的标准流程。即企业在一开始与客户打交道时，应在前期签订相关的协议，在什么时间结算，在哪里结算，是在客户财务部门，还是直接转账，结算时是现金还是支票等等，都要用协议的形式予以界定，为未来回款提供书面或法律凭证。

另外，企业还可以利用能够促使客户较好回款的、最为有效的一招，即制定鼓励客户积极回款的政策，也就是采取“物质利诱”的方式，来实现回款。一般的做法是确定一个结算日，凡是按约定时间回款的，可以给予一定点数的奖励或给予优惠的销售政策，也可以在返利上做出一定让步。另外，凡在规定的时间内主动回款的，可以给予奖励实物，或是在售后服务等方面提供特别优惠，刺激客户付款的积极性，加快货款的回笼。

(2) 事中管理（交货后到合同货款到期前）

事中管理的侧重点在于加强监控力度。一是动态跟踪，即每隔一定时间根据前期合作情况，对客户的信用情况做重新评定，并根据评价结果及时调整信用政策和销售政策。其中两个重要环节是账款追踪分析和账龄分析，最好能做到月评、季检和年审，这样才能确保企业及时了解每个客户的资信走向，辨别出高价值、高资信的客户，剔除资信差、低价值的客户，将坏账损失率降至最低。二是定期对账。企业应每月向客户发出对账单，确认货款数额无差错后双方盖章认可，形成具有法律效应的文件，这样就能有效避免应收账款像滚雪球一样越滚越大，而造成呆账和坏账现象。三是建立良好的客情关系。这也是货款能够顺利结算的有力保障。企业通过加强服务，比如及时到位的物流配送，内部管理和外部运营上给予客户的指导和服务等，可以与客户建立良好客情关系，让客户对于拖欠回款找不出“理由”，进而规避回款难题。

（3）事后管理（拖欠发生后）

首先，企业一定要让客户养成及时付款的习惯。为了促使客户及时付款，企业就要及时去收款。很多时候，收款的难易程度取决于拖欠货款的时间而不是货款的金额。研究表明，货款逾期时间与平均收款成功率成反比。如果客户坚持不付款，就要考虑继续合作下去是否会越拖越多，应该有计划地控制发货，逐步减少应收货款，必要时用断货的方法来迫使客户及早付清全部欠款。

其次，欠款回收时一定要有技巧。收款前，要调整好心态，并做到凭证齐全、账目清楚，以及确认清欠的关键人员，做好客户常用欠款方法的应对准备；收款时，“临门一脚”要踢好，即面对客户的时候要端正态度，做到有理、有力、有节、不卑不亢、在气势上压倒对方，用充分的理由来说服对方，同时又要注意不把关系弄僵。

另外，如果遇到客户不是不想回款，奈何产品销售不佳，影响回款的情况。企业要想回款就要先协助客户销售产品。你可以帮助客户分析市场，出台相应的助销政策，联合厂家策划促销方案等，往往可以收到很好的效果。

除了上述对于客户账款回收工作的有效预控之外，企业也应给业务人员施加压力，刺激其对于客户回款的积极性。

5. “钱要怎么保”——风险的全面防范

对于任何一个创业企业来说，财务风险都是客观存在的，财务风险是企业经营的克星。在市场经济条件下，创业企业要完全消除风险及其影响是不现实的。但是，通过一些预先的防范措施进行一些规避，则完全有可能使企业的财务风险降到最低。

一般来说，财务风险管理活动会贯穿于整个财务活动过程中，从内容来看主要表现为筹资风险、投资风险、资金流动性风险、利率风险、并购风险。具体来说：筹资风险是指企业在融资活动中由于资金供需市场、宏观经济环境的变化或融资来源结构、币种结构、期限结构等各种不确定因素而给企业带来损失的可能性；投资风险是指企业在投资活动中，由于受到各种难以预计或控制因素的影响给企业财务成果带来不确定性，致使投资报酬率达不到预期目标而产生的风险；资金流动性风险是指企业现金流出与现金流入在时间上不一致所形成的风险，主要表现为现金持有量风险、应收账款回收风险以及存货变现风险等；利率风险是指在一定时期内由于利率水平的不确定变动而导致经济损失的可能性；并购风险是指由于企业并购未来收益的不确定性，造成的未来实际收益与预期收益之间的偏差。

规避企业的财务风险就是企业在识别风险、估量风险和分析风险的基础上，充分预见并有效控制风险，用最经济的方法把财务风险可能导致的不利后果减少到最低限度的管理方法。美国风险管理学家梅尔和赫奇斯两位教授曾就此提出过三句格言：多考虑潜在风险的大小，多考虑损失发生的机会，多考虑利得与损失之间的关系。这三句格言一直是当今选择风险管理方法的一项准则。具体来说：第一，要对风险损失潜在性的大小进行估算，并考虑企业所能承受的风险损失；第二，要对损失发生的机会多加考虑，考虑越多，风险损失越小；第三，选择合适的风险管理方法，用最少的成本获取最大的风险管理收益。这些格言对于企业选择恰当的财务风险管理方法具有很好的参考价值。

总而言之，一个创业者只有真正懂得财务知识才能驾驭风险。但真正能驾驭风险却不是一两天就能掌握的，这需要你在不断的创业过程中去学习、去拓展。

个人修炼：做好领导的必修之课

对于一个合格企业经营者来说，他一定是用一小部分时间来做事，更多一部分时间来管人的。既然上升到了管理方面，就需要学习相关的领导艺术。卓越的领导力不是自发形成的，也不是熬出来的，而是通过个人不断尝试、不断更正而学出来的。

一般来说，做好领导需要完成下面一些必修之课：

1. 言行修炼

职位高的人，知名度大，容易引起人们的注意，这是人们所熟知的。也正因如此，管理者才更应谨言慎行。成功的领导，在探讨问题、进行决策、与员工恳谈或是在公司内的一般人际交往中，他们总能保持着自己的优势地位，总能牵动无数双眼睛。这不光是因为他们是公司的管理者，更重要的是他们都对自身的形象有着良好的塑造能力。

服饰、举止、语言正是构成了他形象魅力的“三位一体”。

首先，管理者最基本的应该做到衣着雅致美观，外表整洁端庄。问题的实质并不在于单纯追求美观、漂亮，而是要用外表来证明你对企业组织的重视与尊重，对员工的敬意。尤其是在某些特定场合，注重着装礼仪非常重要。例如，当年，IT大潮波澜壮阔的时候，“小超人”李泽楷T恤衫、牛仔裤、甚至剃了个板寸，标榜他“IT精英”的派头，而面对投资人的时候，他也是西装革履，以沉稳成熟的形象示人。

其次，管理者还要让自己得体的言行举止为形象加分。要尽量克服不良的言行举止，不要让它们暴露在员工的面前。而且，在生意场上，你得体的言谈、谨慎的举止，不仅会使你的商界朋友、敌手对你所代表的团体萌生敬意，而且在你身旁的员工也会为他们身为你手下的干将而感到自豪。

另外，企业经营者在塑造自己外在形象的同时，还要注意保护自己的隐私，不要让员工窥视自己一些生活或工作上的“内幕”，以免丢掉管理者的身份。这点也很重要。例如，管理者不可把过多的私人关系卷入办公室。如果管理者的亲人、朋友过多地出入自己的办公室，也会造成公司高层人物对自己的不信任。管理者的一些重要的私人关系，也不宜向员工、同事透露。管理者还要管理好自己的生活用品，个人物件最好不要带到办公室，带到办公室里的必需品也要刻意保管好，如药品、私人信件、书籍等。管理者的一些私人活动，如请别人到饭店吃饭、洗浴、美容等，也以远离公司为妙。以上所述，并不是说要管理者与员工在下班后不接触，只不过世界是复杂的，管理者由于自己的特殊地位，比普通人更需要保护自己的隐私，维护自己的外在形象。

2. 口才修炼

口才，对一个企业经营者来说非常重要。我们大家都知道，美国的总统竞选，与其说是各方势力的较量，不如说是竞选总统个人口才的“大比拼”，最后胜利者的口才水平都是令人称道的。实际上，领导者在管理活动中最重要的管理手段也是口才。

首先，沟通时需要口才。管理者在沟通中要谨慎用语，选择员工易于理解的词汇，使表述更加清楚明确。对容易产生歧义的话语要避免使用，对于可能产生误解的话语，要做必要的解释说明，表明自己的真实态度和情感，以澄清误解。在传达重要信息的时候，为了消除语言障碍带来的负面影响，要针对接受的情况酌情使用对方易懂的语言，以确保沟通效果。

其次，批评时需要口才。许多可能是善意的批评，想帮助对方改正某些错误，但由于措辞不当，导致对方怨恨，甚至关系破裂，根本达不到批评改变人的目的。因此，管理者在把批评信息传导给被批评的部属时，其语言应该是“热”的。在批评过程中要充满暖人肺腑的话语，对丑的东西的否定通过美的语言表现出来，这样才能使批评的内容为受批评的部属所接受，成为一种催其奋进的激励因素，达到启发人、引导人、转化人的批评目的。“良言一句三冬暖，恶语伤人六月寒”，管理者批评部属时，切忌冷嘲热讽，语言粗暴，没完没了，总翻旧帐。

再次，说服时需要口才。说服对方、感化对方是领导工作岗位上常常发生的事情，口才好的领导往往可以轻松达到目的。例如：当你必须告诉你的下属，他已经从总公司被调到他所不愿去的分公司时，你要怎样去说服他呢？如果你知道他绝不会答应时，你又该如何是好？如果这时你以公式化的口气告诉他：“这是命令，你非去不可，否则只有辞职。”这个下属一定会恨你一辈子。在这时，假如你能巧妙地运用对比效应，或许可以说服这个下属："其实，在上一次董事会上，我们就曾考虑过要把你调到南部的分公司。但后来想想那边实在太远，对你来说太辛苦，所以最后决定还是把你调到离这近一点的中部分公司，怎么样？让你换一个环境，也比较有新鲜感。”

最后，激励时也需要口才。毫无疑问，任何人都是需要激励的，需要被别人承认的。领导如果了解了人的这一心态的话，可以随时给员工必要的鼓励，达到激励士气、鼓舞人心的效果。这就要求管理者要善于发现下属的优点并给予真诚的赞扬。对一个管理者来说，有时会觉得无暇顾及，这不仅会使其错过很多帮助下属扬长避短的机会，同时也会无意中加深管理者与群众之间的隔阂。优秀的管理者会用赞扬给人以成功的喜悦，用赞扬消除人们艰苦劳动后的疲惫，用赞扬激发人们对成败得失的反思，进而靠赞扬树立起自己的威信，使别人乐于接纳自己。

3. 素质修炼

素养的修炼，绝不可能是一蹴而就的。它要求领导者从日常小事做起，从严要求自己，只有这样，你的身心素养才能得到极大的提高。

一要谦虚谨慎。作为领导者，待人接物特别要谦虚谨慎。要有自知之明，能正确看待自己，既能知已之所长，也能明己之所短，做到扬长避短。既要力戒骄傲自满、言过其实，也要防止畏首畏尾、自卑盲从。在成绩面前不居功，在错误面前不文过饰非，主动承担责任。这样，工作才能顺利开展。

二要胸怀宽广。一个人不管多么高明，缺点错误总是在所难免的，作为管理者，太苛求下属，求全责备，就无法与下属交心、获得下属的拥戴。而宽容大度的高贵品质，就可以像润滑剂一样，使人与人之间的磨擦减少，增强领导与员工之间的团结，提高群体相容水平。管理者爱才、惜才、用才，就是宽容大度的突出表现。管理者既要学习别人的长处，补己之短，又要能够宽容别人的短处，扬长避短。当然，宽容大度并不是无原则的迁就与放纵，它是建立在坚持原则的基础之上的，在这方面，管理者需要遵循四条原则：一是信任人、尊重人；二是反对嫉贤妒能；三是反对求全责备；四是严以律己。

三要意志坚强。领导者的重要任务是实现相应的工作目标。这总是与克服困难联系在一起的。领导者克服了困难，工作就会向前发展。因此，个体坚强的意志是优秀领导者的一个重要的非智力方面的心理品质。另外，坚强的意志可使领导者能够以充沛的精力和坚忍的毅力为实现目标而努力奋斗，引导下属不达目的，誓不罢休。

四要情绪稳定。领导者具有稳定而乐观的情绪，不仅有助于自己的心理健康和提高工作效率，而且能感染下属，稳定下属的情绪与激励士气。如果领导者情绪经常不稳定，忽高忽低，将严重地影响实际工作水平，降低下属的士气。

五要大公无私。大公无私是领导者最重要的一种品德。领导者大公无私，既能充分调动自己的一切智力因素，又能充分发挥下属的智力效能，为实现工作目标而奋斗。

4. 情商修炼

情商，即 EQ（Emotional Quotient 的缩写，翻译过来就是情绪智慧）。它代表一个人能否适当地处理自己的情绪，一个情商高的人通常情绪稳定，不会因小事产生剧烈的波动，而且在产生情绪反应时，能恰当地处理自己的情绪，对事与对人能有合理的想法，同时表现出合宜的行为。而情商低的人，就意味着一个人常常会陷入大喜大悲的情况，这种巨大的情绪起伏如果用在领导职能中，只能降低自己在众人心目中的地位，影响工作的顺利开展。因此，情商修炼对于企业经营者来说十分必要。具体应做到以下三点：

第一，合理排解不良情绪。其实，人都是感性的动物，情绪总会复杂多变，遇到高兴事时，难免眉飞色舞；遇到伤心事时，也免不了愁眉苦脸。因此，管理者也可能有各种各样的情绪，如果遇有不良的情绪，管理者必须面对的要务，就是学会合理排解自己的不良情绪。

例如，倾诉就是一个好方法。有了不良情绪，可以向家人、知心朋友诉说，发发牢骚，合理发泄。在适当场合也可哭一场。哭是一种有效解除紧张、烦恼与痛苦的方法，尤其是对突如其来的打击所造成的高度紧张和极度痛苦，可以起缓解作用。还可以用运动来排解。人在情绪低落时，往往不爱活动，越不活动，情绪越低落，形成恶性循环。事实证明，剧烈运动可以改变不良情绪。跑步、打球、干体力活等运动，可以把体内积聚的能量释放出来，使郁闷之气得到发泄。另外，沐浴可以放松心情。有意识地去洗澡，重新打扮装饰自己一番，可以使全身心处于放松、减压状态，不良情绪也随之减轻或消失。

第二，学会转移注意力。科学研究表明，当一个人产生某种情绪时，头脑里就会出现一个较强的兴奋区。这时，如果另外建立一个或几个兴奋区，就可以抵消或冲淡这个较强的兴奋区。因此，当情绪激动时，为了使它不至于爆发或难以控制，就要在大脑中建立另外的兴奋区去冲淡它。这时，应有意识地转移兴奋点，做点别的感兴趣的事情，以分散和转移注意力。特别是遇到苦闷、烦恼时，不要一味沉溺其中，而要将注意力转移到有兴趣的活动中去，比如去绘画、下棋、听音乐、看电视、玩游戏、阅读报纸等，还可多回忆自己感到最幸福、最高兴的事。如果有大的烦恼或悲伤，还可以外出旅游，散散心，把消极情绪调整转移到积极情绪上去，冲淡并忘却烦恼，尽快回到自己的正常工作和生活中去。

第三，在精神上主动控制。情绪不良时，最好是在精神上学会主动控制。人是有理智的，在陷入不良情绪的时候，应该运用理智这道“闸门”的作用，去控制不良情绪，并且尽力让情绪愉悦起来。一是自我暗示。如遇到突发事情感到紧张时，应告诫自己：“别着急，我有能力处理这件事！”二是自我激励。在遇到不良情绪时，要用“小不忍必乱大谋”，“退一步海阔天空”等激励的言语或办法，约束自己。三是将心比心。通过心理换位的方法控制情绪。与他人互换角色、位置，替别人想一想，来体验别人的情绪和思想。这样，有利于防止和消除不良情绪。

第六章 经营决策

经营战略：关系企业命运的重要工作

一个企业，需要根据其地位以及目标、机会和资源，确定一个最有意义的战略，以便能在动荡不安的环境中生存、发展。因此，制定合理而正确的经营战略就成为了企业经营者最为重要的工作。

那么，管理者该如何制定经营战略呢？

1. 从目标上来说

（1）清晰

对于企业来说，一个清晰的战略目标可以使企业对自己产品的现状进行全面分析，找到自己的最大优势，是质量取胜，还是服务领先。尤其是投资项目，是着重技术研究还是营销策略，是着重渠道沟通还是广告宣传，这些都需要有一个清晰的策划和构思。但如果每一个目标都想达到，没有计划地乱抓，最后只能是一塌糊涂。

现实中，许多人总是不停地变动目标，这就不得不在这个目标和那个目标之间疲于奔命，这是一种没有目的、缺乏头脑，而且非常笨拙的工作方法。其实，市场永远是变动的，每一个企业都不可能拥有无限的资源，只要专注于你的战略目标，把所有的努力都集中在一个方向上，这样就足以获得巨大的成功。两个以上的目标等于没有目标。当然，这也就要求你对市场进行细分后，确立自己的清晰的战略目标。

（2）切实

战略目标的设立要切合实际，要着眼于企业的条件，不能可望而不可及。现实中，许多决策者倾向于制定较高的战略目标，比如几年以内销售额从几亿元到百亿元，几年之内成为世界500强等，较高的战略当然会让人感到振奋。但必须注意的是，如果战略高得超出了企业的能力所及，当它与现实脱节时，战略目标将变得毫无意义，这样的目标只不过是决策者的一个良好的愿望而已。

那么，如何才能制定一个适宜的目标呢？这就要求企业在制定战略之前，先把情况分析清楚，认识到有利条件和不利条件，合适就干，不合适就不干。联想集团总裁柳传志说过一个“三不干原则”，就是适宜原则的一种解释：投得起钱没钱赚的事儿不干；投不起钱有钱赚的事儿不干；投得起钱也有钱赚，但没有合适人选的事儿也不能干。也就是说，必须投得起钱、有合适的人选、有钱赚三个前提都具备，这才是制定战略的原则。

（3）长远

企业不但要注重今日的问题，而且要理解和明白明日的机会。因此，企业在制定战略目标时也要考虑对未来的机会进行把握，或者说是在当前和未来之间进行平衡、兼顾，这点尤为重要。

现实中的企业很难在当前与未来之间进行选择，比较现实也比较简单的发展战略，是沿着现有道路走下去，不断降低产品成本，提高产品质量，加强产品服务。这样做可以使企业在目前获得成功，但绝不可能创造辉煌的未来。其实，企业的经营战略，既是企业谋取长远发展要求的反映，又是企业对未来较长时期内如何生存和发展的通盘筹划。虽然它的制定要以企业外部环境和企业内部条件的当前情况为出发点，并且对企业当前的生产经营活动有指导、限制作用，但是这一切也都是为了更长远的发展，是长远发展的起步。所以如何构筑长远的战略规划，开创一片广阔无垠的企业发展领域，是每一个优秀的管理者必须充分重视的问题。一个想要发展壮大的企业必须要居安思危，未雨绸缪，为企业制定长远的战略规划目标，并且一定要分阶段按步骤贯彻实施。这种思考战略的方式有助于建立与维持企业的竞争优势。

2. 从过程上来说

（1）各个阶层共同参与

制定经营战略不仅是企业高层管理者的事情，在制定过程中还需要不同层次管理者的参与，一定要避免由上而下象牙塔式的战略制定方法。

这是因为，首先，有些企业高层管理者对企业的实际运营并不十分了解，由他们来规划象牙塔式的战略常常会带来很多问题；其次，这种象牙塔式的规划方法也很容易导致企业高层的战略规划者与战略执行者（企业中低层管理者）之间的矛盾和冲突，从而导致“我们”和“你们”的区分，并进而演化为敌对状态；最后，还因为战略规划的大部分内容都需要由企业一线管理人员来执行，因此各个阶层的参与对于战略的有效制定和执行非常重要。

（2）假定环境的不确定性

经营战略的制定者需要假定环境的不确定性，这是战略制定的一个大前提。

现实中，战略的制定者常常忽略环境变化的难以预测性，经常假定未来是可以准确预测的。然而实际上，未来环境的变化性非常难以把握，而且常常与战略制定者的假定不一致，这会给战略制定者所制定的战略带来灾难性的影响。忽略环境的不确定性就会使制定出来的战略缺少对未来的预见性。因此，一定要避免在不确定的情况下制定战略。

（3）关注战略、能力和环境间的匹配

这个问题也需要企业在制定战略时特别注意。一方面，企业的能力是企业制定战略的出发点。任何与环境相匹配的优秀战略如果没有实施它的内部能力，也只能是纸上谈兵，企业的能力对战略的制定起到了制约和限制作用。另一方面，环境是制定战略的基础，企业需要考虑环境的复杂性和动荡程度以努力使战略与环境相匹配。同时，企业制定战略时还要注意到战略管理是一个不断循环、没有终点的过程，那种战略制定完成就可以安全地搁置起来的想法是不正确的。企业经营者对外部环境不断地探测并对战略不断地调整是永远的责任。

（4）立足于核心竞争力

在市场经济体制下，多元化经营成为管理者实现可持续发展的共同战略，但成功实施多元化经营需具备资金、技术和管理等方面的实力。近年来我国一些企业核心竞争力的下降与盲目的多样化战略有很大关系，所以建立核心竞争力是管理者应考虑的首要战略，只有立足核心竞争力，建立理性多元化的战略才能使企业立于不败之地。

那么，怎样才叫立足于企业的核心竞争力呢？企业核心竞争力其实就是获取用户资源的能力。它是赢得市场领先地位的基础。企业核心竞争力的相对地位下降，就意味着企业在培育或巩固核心竞争力的投资上相对不足，应该通过加大投资来维持和增强企业的核心竞争力。

因此，要想建立理性多元化的战略，首先必须时刻关注企业核心竞争力的地位。从这个意义上来说，理性的多元化战略要遵循的原则为：一是在专业为主基础上的多元化；二是关联多元化，如佳能围绕其光学核心技术涉足照相机、复印机、激光打印机、扫描仪、传真机等关联产业，海尔将其冰箱上获得的核心能力扩展到空调、洗衣机、彩电等多种家电产品；三是过渡型多元化，多为适应转型的需要，如军转民、旧转新，中途可能新旧并存，但一旦转型完成，则应确立新的核心竞争力。

3. 从管理上来说

(1) 配套运作，协同推进

这其实就是我们前文中提到的“木桶理论”的应用。是说一只木桶盛水的多少，并不取决于最长的那块木板，而是取决于最短的那块木板，即企业发展中的“瓶颈”。强调配套运作，就是解决“短木板”问题。另外，美国营销学家艾·里斯和杰克·特劳特在他们推出的《二十二条商规》中也有类似的观点，即企业采取的各项措施所产生的效果是不同的，其中只有一条措施最关键，但这一条商规成立的前提条件是：其他措施及其管理系统应与之配套。

(2) 运筹

运筹，即对资源进行统筹安排。要把实施战略的步骤搞清楚，先做什么后做什么，资金怎么运作，人员怎样一步步安排到位，哪些事可以合起来同时做。总之，要把这些步骤搞透，落到实处，这样才能达到最有效的管理。

(3) 以变应变，适时调整

在市场经济中，环境总是在不断变化的，企业只有认识并了解市场的变化，才能适应外部环境的变化。正如洛克希德·马丁公司的董事长兼首席执行官诺曼·奥古斯丁所说："世界上只有两种企业：一种在不断变化，另一种被淘汰出局。"管理者只有在面对变化时，对企业的经营战略目标做出相应的调整或变革，这才是企业成功的重要保证。

当今市场惟一不变的法则就是永远在变。对于企业来讲，所处的市场环境也在时刻变化：市场需求在变化，竞争对手在变化，经济环境在变化，宏观政策在变化。所以我们应该因时而变，因势而变，以变应变，适时调整经营战略。而且，以变应变并不仅仅是个认识问题、态度问题，它还需要管理者始终保持积极进取的精神状态，才能不断增强应变能力。

作为企业经营者，可能都明白制定合理而正确的战略对企业经营成败的重要性。但知道是一回事儿，真正理解并付诸行动是另一回事儿。你是否从上述内容中受到启发，并针对自己制定战略时的问题进行必要的改进？确实，做出决策并不容易，特别是关乎企业存亡的战略问题，但只要你科学而严密地进行分析，积极而果断地进行调整改进，坚持不懈地落实执行，一定会在战略的指导下取得辉煌的成就。

营销战略：经营成败的重要因素

营销不是企业成功的惟一因素，却是企业成功的关键因素。在现代市场经济条件下，谁能把营销做得更好谁就掌握了战争的主动权，就能旗开得胜。因此，企业必须十分重视市场营销。

大多数公司都有某种形式的公司战略规划。如果一个企业有营销职能，它通常都与战略规划职能有着紧密的联系。这是因为，一个企业无论是制造产品，还是提供服务，都需要向外宣传自己的商业行为。战略营销规划提供一种方法，管理人员可根据该方法有系统地分析公司优势，并将这些优势与市场机会相匹配，以更好地界定和推行公司所擅长的业务类型。一个好的营销计划应描述公司应该推行的最佳产品组合、目标市场（即理想客户）、公司推行该计划的花费以及衡量计划是否成功的控制（如预算、期限、预期结果等）。下面这些内容会提供一些方法，可帮助公司来规划自己的营销战略。

1. 市场环境分析

在做出决策之前，必须进行市场环境分析，这是做对决策的依据。进行市场环境分析的主要目的是了解产品的潜在市场和销售量，以及竞争对手的产品信息。只有这样，才能预知市场情形，有效降低风险，同时才能发现社会潮流，把握大众需求和不同阶层人群的需要，调查分析越仔细、深入，企业也越能从中获益。

市场环境分析最主要的一项任务是估计市场现在和将来的大小，它是企业做对决策的依据。一个产品是否应该进入一个特殊的市场，要依据这个市场的容量和未来的趋势。一旦进入了市场，就必须估测市场的潜力，要根据不同的地理环境和市场的不同部分进行资源的合理分配。

那么，如何才能做好市场环境分析呢？

首先，明确市场的背景情况。

产品进入市场前，一定首先要了解这个市场的背景情况。例如韩国一著名汽车厂家要在我国投资建立摩托车生产厂，他们一开始提出的决策问题是“哪里投资环境好”，并且把浙江萧山定为市场环境的分析对象，这是个实地考察的调研方案。然而，刚一开始，他们就发现他们的决策问题首先应该是“中国中央和地方政府的摩托车政策是什么”。

其次，明确市场环境分析的根本问题。

在市场环境调查中，需要分析的问题是否明确决定了分析数据的精确有效，决定了是否能够做对决策。把这一重要环节“省略”的操作者，正是无效市场环境分析的始作俑者。例如，一个软件开发商准备推出一款家教软件，他会面临投资多少资金开发市场的决策问题。那么他需要分析哪些问题呢？他给出的问题是：国内家庭电脑拥有量是多少？愿意购买家教软件的比例是多少？对该类软件的接受价位如何？然而，你可能已经发现了其中的毛病。第一个问题应该改为：国内在用并且配置能支持该软件的家庭电脑有多少？第二个问题也得改为：其中愿意购买正版家教软件的比例是多少？

最后，我们要用合适的信息收集方法和测量技术，确定地点、对象、抽样规则等，进行充分的市场调研。

总而言之，市场环境分析能让决策者及时掌握市场需求的变化特点，有利于企业按需生产；能及时探明商品的市场容量及潜在需求量，有利于决策者调整营销策略，开拓新市场；能反映出产品的寿命周期及更新换代情况，有利于企业了解市场竞争状况，从而做到有的放矢，减少失误，从而将风险降到最低，增强自身竞争力。

2. 消费心理分析

只有在掌握了消费者会因为什么原因、什么目的去购买产品，才能制定出针对性的营销创意。简单说，就是要为产品定位。艾·里斯和杰克·特劳特认为：每件产品在顾客的心目中都有一个位置，而占据你所在行业的首要价置是十分有利的。定位从产品开始，可以是一件商品、一项服务、一家公司、一个机构，甚至是一个人，也许可能就是你自己。但是这并不是要你对产品做什么，定位是你对未来的潜在顾客心智所下的工夫，也就是把产品定位在未来潜在顾客的心中。

如今我国市场竞争激烈，众多品牌不断涌现，特别是产品间的差异性越来越小，令市场争夺日益激烈。在面对这些千人一面的商品时，消费者没有工夫去识别，而往往只会选择那些在他们心中占据一定位置的产品。可以说，要想赢得市场，关键不是对产品本身做些什么，而是你在消费者心目中做了些什么。那么，如何对产品进行准确定位，从而在消费者心目中占有一席之地呢？

第一，根据具体的产品特点来定位。构成产品内在特色的许多因素（如所含成分、材料、质量、价格等）都可以作为市场定位所依据的原则。例如，七喜汽水的定位是非可乐，强调它是不含咖啡因的饮料，与可乐类饮料不同；泰宁诺止痛药的定位是非阿斯匹林的止痛药，显示药物成分与以往的止痛药有本质的差异。

第二，根据产品的使用场合及特殊用途定位。例如，小苏打曾一度被广泛用作家庭的刷牙剂、除臭剂和烘焙配料，现在已有不少的新产品代替了小苏打的上述功能。小苏打还可以定位为冰箱除臭剂，另外还有家公司把它当做了调味汁和肉卤的配料，更有一家公司发现它可以作为冬季流行性感冒患者的饮料。

第三，根据产品提供给顾客的利益定位。顾客得到的利益是他们最能切实体验到的，因此，也可以从这方面来进行产品定位。例如，世界上各大汽车巨头的定位：劳斯莱斯车豪华气派，丰田物美价廉，沃尔沃则结实耐用。

另外，企业还常常试图将其产品指向某一类特定的使用者，以便根据这些顾客的看法塑造恰当的形象，这也可以作为定位的依据。例如，美国米勒啤酒公司曾将其原来惟一的品牌高生啤酒定位为“啤酒中的香槟”，吸引了许多不常饮用啤酒的高收入妇女。后来发现，占30%的狂饮者大约消费了啤酒销量的80%，于是，该公司在广告中展示石油工人钻井成功后狂欢的镜头，还有年轻人在沙滩上冲刺后开怀畅饮的镜头，塑造了一个精力充沛的形象。在广告中提出“有空就喝米勒”，从而成功占领啤酒狂饮者市场达10年之久。

事实上，许多企业进行市场定位依据的原则往往不止一个，而是多个原则同时使用。因为要体现企业及其产品的形象，市场定位必须是多维度的、多侧面的。但总而言之，决策者在进行产品定位时，一定要准确。因为准确定位才可以提高市场竞争力，可以为企业带来决定性的优势。定位才是成功的第一步。

3. 产品优势分析

在营销活动中，一个企业的产品难免会被拿来与其他企业的同类产品进行对比，如果无法了解各自产品的优势和劣势，就无法打动消费者。通过营销手段，让消费者了解到本品的优势，进而产生购买欲望才是营销活动中重要的环节。尤其是市场经济快速发展的今天，商品越来越多，产品越来越同质，顾客很难选择，在越来越多的产品面前显得无所适从，不少公司更因无法博得“上帝”的欢心而焦头烂额。

到底如何才能在竞争中获得成功呢？答案就是：做好产品优势分析，找到个性鲜明卖点。

首先，每一种产品应该选择一个属性，并使其成为在这一方面的“第一名”。在这样一个信息爆炸的社会，较之其他的信息，顾客一般只认“第一名”。大多数企业推崇的“第一名”定位是什么呢？可能有

“最佳服务”、“最低的价格”、“最高的价值”、“最安全”等。如果一个企业坚持不懈反复强调这些优势中的一个，并且令人信服地进行传播，就能制造卖点。例如，某家公司在家用装修产品零售业内获得了“最佳服务”的声誉，这个公司就创立了一种服务文化并赢得了消费者的心。

其次，如果有两家或更多的公司在同样的属性上都声称是最好的，那么多个优势就很有必要了。例如，“高露洁”就是因创造了三个优势而取得成功。高露洁公司在促销高露洁牙膏时，声称该产品有三种功效：“防蛀”、“爽口”和“增白”。显然，许多人觉得这三个因素都很重要，问题是要让顾客相信产品确实有这三种功效。高露洁公司于是又发明了一种可同时挤出三种颜色的牙膏，从而使顾客通过视觉相信该牙膏可能的确具有这三种功效。

那么，如何才能找到自己产品的优势呢？对于优势的定位，可以来自于产品自身，可以来自于传播过程，不仅是满足需求，更要引导需求。具体来说，主要表现在以下几方面：

(1) 价格

价格是营销要素中最为敏感的因素，在很大程度上影响着购买行为。

每个人都有贪便宜的心理，这是业界的共识。在同等质量的情况下，价格比别人低将具有更大的优势。因此，决策者为产品定价时必须考虑产品的价格是否更为优惠。例如沃尔玛“天天平价”的营销战略就具备超强的竞争力，使它能在短短几十年一举发展成为世界上最大的公司就是很好的证明。

(2) 品质

产品品质无疑是影响消费者购买行为的一个重要因素。企业在宣传品质的过程中，经常选择不直接宣扬产品品质本身，而让那些本身代表着品质的专家、教授、博士、学者等人士现身说法，引用权威言论、权威发表的文章，参考权威数据，借助权威品牌、权威机构认定、权威单位试用等方法来打动消费者的心，实质上是以品质为卖点，因为对专家们的信任也就是对产品品质的信任。

（3）服务

很多时候，消费者需要的不仅是物美价廉的产品，更需要的是富有人情、极具个性的服务。而且在产品质量、价格方面的趋同性越来越高的今天，这种表现将更加明显。因此，企业要想占领消费者的心智，必须建立服务导向的经营观，不断创新服务理念、服务方式和服务技术，不断提高服务水平，构建基于顾客满意的服务营销战略。

（4）特色

特色是一个产品优于竞争者且吸引消费者的重要因素。在某些产品领域，依靠产品特色取得成功的企业不乏先例，其技巧有：

在产品中注入情感特色。例如哈根达斯有一句经典的广告词：爱我，就请我吃哈根达斯。它没有特意强调产品的口味，也没有大玩文字游戏，只是借用人类之间永恒的话题——爱情，就抓住了所有正在享受爱情、追求爱情、向往爱情的男男女女的心，当然还包括他们的钱包。这比直接宣传产品功能要感人得多。

在产品中注入文化特色。例如某餐厅为了吸引注意力，打民俗文化牌：将一块青石碾盘固定在进门的地方，一头戴着眼罩的灰毛驴不停地围着碾盘转圈，事先放好的粮食不一会儿就被碾成了碎末。如有顾客需要，这些粮食会被加工成可口的美食，在碾盘的不远处还有一口水井，上面架起的辘轳可以从井中打水，不时有好奇者过来一试身手，围着毛驴、水井拍照的更是大有人在。这种卖点显然更具魅力。

不过要注意的是产品特色很难形成长久的竞争壁垒。在科学技术如此发达的今天，产品特色很容易被竞争者抄袭模仿，从而丧失竞争优势。而且产品更新换代的速度很快，一个产品如果过分强调突出产品特色，那么如果竞争对手生产出更先进的产品，该品牌的优势就会迅速瓦解。

总之，如果少女只是在闺房里抛媚眼，就可能永远嫁不出去。营销也是一样，不论你的卖点在哪里，最聪明的方法就是找出自己的优点，并使之落实于营销的实战中，化为消费者能够接受、认同的想法和效用，就能达到产品畅销，建立品牌的目的。

4. 营销方式选择

营销方式，多种多样，各具优劣。但不论是传统营销方法还是现代营销方法，只要企业根据自己生产、管理和经营的实际情况，针对目标市场和目标顾客的特点，有选择地恰当运用，就一定能够取得良好的效果。

（1）服务营销

现代社会，不同企业生产的同类或近似产品，在有形部分的属性如品质、功能、特性等方面的差异性越来越小，因此，消费者在决定购买时，很大程度上依据商品无形属性的一面，即企业如何提供商品，如何服务顾客。因此，企业可以通过加强质量保证体系，改善售前、售中、售后服务的方式，努力提高企业的服务水准，来赢得更多消费者。更重要的是，各个企业一定要根据自己的实际情况，因地、因企、因时制宜，采取不同的形式、方法和手段，以便更好地服务于顾客。

（2）网络营销

信息化时代，信息网络技术被广泛运用于生产经营的各个领域，尤其是营销环节，形成网络营销。这种方式可以促进企业通过网络快速地了解市场动向和顾客需求，节省中间环节，降低销售成本。商户在电脑网络上开设自己的主页，在主页上开设“虚拟商店”，陈列其商品，顾客通过网络可以进入到虚拟商店，挑选商品，下订单、支付都可以在网上完成，商户接到订单就送货上门。同样通过网络顾客可以将自己的意见反馈到生产过程中，这样生产者可以根据消费者的需求和品味进行生产，这一方面提高了生产者和消费者之间的协调与合作水平，另一方面又可以降低企业产品生产的“互动成本”。

(3) 绿色营销

绿色营销就是指在营销管理中加入环境保护与生态平衡观念。绿色营销的过程比较复杂，它要求企业在产品开发、价格制定、产品分销、产品促销等各个方面都充分考虑环境保护要求，尽可能开发出“绿色含量”高的产品来。不过可以肯定的是，实施绿色营销是国际营销战略的大趋势，无论是国内市场还是国外市场，消费者购买商品时首先考虑的是该商品在使用过程中和用完后，是否会对环境造成损害，能否回收再利用。从这个意义上来说，企业也应该以绿色营销组合的观念和方式去组织生产和销售活动，并及时了解与目标市场有关的绿色信息、发展动向、新技术和新方法，不断调整企业活动加以适应。

(4) 知识营销

随着知识经济时代的到来，知识营销作为一种成功的营销方式越来越受到企业的重视，尤其是在推广新产品时。

知识营销，主要是指向大众传播新的科学技术以及它们对人们生活的影响，通过科普宣传，让消费者不仅知其然，而且知其所以然，重新建立新的产品概念，进而使消费者萌发对新产品的需要，达到拓宽市场的目的。比尔·盖茨的“先教电脑，再卖电脑”的做法是典型的知识营销。它可以使一项新产品研制成功的市场风险降到最小。

(5) 个性化营销

现在许多人都按照自己的喜好来消费，有自己的特点，消费符合自己的个性，这就是消费的个性化。而消费的个性化也就催生了个性化的营销方式，即企业把对人的关注、人的个性释放及人的个性需求的满足推到空前中心的地位，与消费者建立更为个人化的联系，向顾客提供一种个人化的销售和服务。这有利于节省中间环节，降低销售成本。不仅如此，由于社会生产计划性增强，资源配置接近最优，商业出现“零库存”管理，企业的库存成本也节约了。

(6) 创新营销

这里的创新，除了要抢在别人之前淘汰自己的产品，还包括营销观念的创新、营销组织的创新和营销技术的创新，要做到这一点，市场营销人员就必须随时保持思维模式的弹性，让自己成为“新思维的开创者”。

其实，营销的方式还有很多，如整合营销、定制营销、多国营销、立体营销、直接营销、借势营销等。但不管选择哪种方式，都要从企业自身情况和战略出发。另外，还有重要的一点是：要兼顾目标群体的喜好来进行。例如针对全国儿童的产品，就可以根据儿童的特点，在央视的儿童频道以动画短片的形式展现出来，这样不仅符合企业战略，将产品传达给全国儿童，同时能够吸引儿童的目光。对于一些快消品，则可以选择和产品切合度较高的方式，例如目前 SNS 平台中十分流行的争车位、开心农场等游戏，就吸引了很多汽车企业和饮料企业的加入，并且取得了非常好的效果。

总而言之，营销是一个较复杂的体系，但所有的营销活动都应基于以上四点进行，当明确了以上四点之后，想要做出好的营销创意也不再是难事。

品牌战略：企业占领市场的武器

对于一个企业来说，品牌至关重要。

品牌的意识，其实从商品产生交换的那一时期就已经开始萌芽了。只不过，当时的品牌是用以区分商家的。现在，品牌已不再仅仅是一个标记了。营销学权威P·道尔的解释是："品牌是由一种保证性徽章创造的无形资产。"首先，品牌商品对顾客具有更强的吸引力，有利于产品参与市场竞争，提高市场占有率。其次，品牌是商品质量内涵和市场价值的评估系数和识别徽记，是企业参与竞争的无形资本。而企业为了在竞争中取胜，必然要精心维护品牌的声誉。对产品质量不能掉以轻心。创名牌的过程必然是产品质量不断提高和树立良好企业形象的过程。

事实上，经商者都知道品牌的力量，有品牌，你的生意就会有潜在的利润资源。但怎样打出自己的品牌，企业管理者到底应该如何才能使企业品牌战略更好地实施呢？可以考虑从以下几个方面入手：

1. 树立强烈的品牌战略意识

企业的经营者，一定要深刻认识到：实施品牌战略，是现阶段争夺市场份额，求得企业生存与发展的根本手段之一。

现实生活中，许多中小企业的老板，都没有耐心来做品牌，他们普遍认为做品牌是大企业才考虑的事情，中小企业当务之急是解决生存问题，积累资本，做品牌是以后的事，从而回避品牌问题。不可否认，中小企业的生存是个大问题。由于中小企业规模小，提供产品和服务的能力有限，要做品牌，需要投入大量的人力、物力，这是一般中小企业所不能承受的。虽然如此，中小企业加强品牌的创造和运营确实非常必要。我国很多挣扎在市场底层的中小型企业，无一不是在企业发展的路上遇到品牌发展的瓶颈时才感觉："原来中小型企业要做品牌！"所以，中小企业一定要克服"做品牌是大企业的事"的肤浅观点，因为这种观念和市场意识上的落后，往往比产品落后更可怕。

具体而言，企业的品牌意识至少应包括以下三个方面的内容：

一是品牌使用意识。即企业对品牌效用与价值、使用品牌的重要性的认知和认同。用一句俗语来表示，就是"愚笨的商人卖产品，聪明的商人卖牌子"。因为企业经营者只有积极创立和使用品牌，品牌才能成为企业的代表或象征，并使品牌的其他作用得以发挥。

二是品牌保护意识。即企业对保护品牌重要意义的认知和理解。要想让品牌发挥其效用，就需要企业对品牌提供有效保护。因为品牌发挥其应有效用的前提就在于其拥有较高的知名度和良好的公众评价，而如果产品质量低劣、企业信誉低下，或是品牌任由他人假冒，则品牌信誉很难建立，发挥效用更是无从提起了。

三是品牌发展意识。即企业牢固树立发展品牌、增加品牌深度、不断创新品牌的思想，以不断提高品牌的市场形象和品牌竞争力，使品牌的内在价值得到充分的发挥。国内相当部分曾一度辉煌而如今却踪影难觅的品牌的发展史已经明白无误地昭示出了"要么创新，要么死亡"的道理。品牌发展意识，既可以从产品和技术方面进行创新，也可以对品牌推广策略进行有效更新。

总而言之，品牌意识为企业制定品牌战略铸就强势品牌提供了坚实的理性基础，成为现代竞争经济中引领企业制胜的战略性意识。有志于商业的经营者、企业家，应从这样的高度和理念，树立起强烈的品牌开发战略意识，以高度的政治责任心和紧迫感实施和推进本企业的品牌战略。

2. 选准市场定位，确定战略品牌

企业通常经营的商品种类很多，而实施品牌战略没有必要，且不可能去发展那么多的品牌商品。经过市场调查，从本企业的实际出发，开发一两个品牌（通常一个品牌）也就足够了。

不过，即使只开发一个品牌，也并非易事。尤其是在现代科学技术和社会化大生产，使消费品越来越趋于同质化的情况下。其关键点是要体现出异质性，这才是品牌开发的成功之处。这一异质性要根据市场的消费需求来开发。所有著名品牌正是开发到了在同类别产品中的异质性才获得成功的。这一异质性就是跟着市场走。具体来说，根据品类经济特征（吸引力、规模、增长速度、利润率）和市场地位（老牌公司、攻击者），我们将公司分成四大类别，其品牌定位的方案如下：

第一类是规模大、增长快、利润高的市场领先者。其特点是在较大的市场里占有领先的市场份额，有一定的品牌力度。

适合这类公司的方案为“加强情感联系”，以玉兰油、百事可乐为例。玉兰油：玉兰油已经有了相当的消费群体，所以在品牌建设过程中，他们非常注重的一点就是与用户加强感情的维系，强调了“美丽”与“自信”的承诺。

百事可乐：百事可乐在情感诉求中选择了差异化路线，以区别于竞争对手可口可乐。在可口可乐强调家庭欢庆主题的时候，百事可乐更加注重吸引年轻的消费者。比如，用足球明星吸引年轻的白领男性，用流行歌星吸引女性或是青少年。过去几年中，百事每年的增长率都超过可口可乐，目前在中国的市场份额已非常接近可口可乐了。

第二类是规模大、增长快、利润高的市场攻击者。其特点是所处的行业规模大、增长快、利润可观，但已有另一强势品牌。

适合这类公司的方案为“攻击相邻领域、选择新的渠道”，以欧莱雅、安利为例。

欧莱雅：在中国市场，宝洁占据着绝对的领先地位，欧莱雅与宝洁展开面对面竞争难度很大。所以它采取了从边缘进攻到核心的策略，主要表现为四点：立足于彩妆，如美宝莲；攻击新奢侈主义的护肤和染发市场，如欧莱雅品牌的护肤和染发产品；打造豪华细分和专业的护肤、护发产品渠道，如专在药店销售的薇姿；进攻中端、大众护肤市场，如卡尼尔、小护士。品牌策略使它拥有了挑战者的市场地位。

安利：安利在中国用直销手段，绕开与传统领先者的正面冲突，也取得了非常高的市场份额。

第三类是规模小、增长慢、利润较低的市场领先者。其特点是产品吸引力不是很高，市场容量和利润率一般。

适合这类公司的方案为“品牌延伸”，以旺旺、娃哈哈为例：

旺旺：旺旺在中国的品牌建设是比较成功的，但它的产品类别相对来说，不像宝洁和欧莱雅那样有吸引力，市场容量和利润率也不是很高。在这种情况下，它的策略就是充分利用“旺旺”的影响力，建立一个与“优质”相关的多元品牌，形成以“旺旺”品牌统领的，涉足米果、乳制品、果冻、酸奶、面包、糖果、饮料、酒品和礼包等诸多产品的“伞形”产品线。

娃哈哈：娃哈哈的策略与旺旺相似，它从饮料延伸到儿童服装，目前来看它的品牌延伸是成功的。

第四类是规模小、增长慢、利润较低的市场攻击者。其特点是产品的吸引力、市场容量和利润率一般。

适合这类公司的方案是“在主攻市场、推广渠道和媒体投放上，避免与领导品牌直接碰撞”，以安踏为例：

安踏：耐克和阿迪达斯已经有了很高的市场份额，安踏怎么和它们竞争呢？首先，安踏从中、小城市开始做，避免在大城市与竞争对手竞争；在媒体投放上，选择成本比较低的网络广告；另外，通过赞助 CBA 和乒乓球比赛，建立起专业形象。

总而言之，在中国市场开发一个品牌不是一件容易的事，且成本越来越高。因此，在品牌投入之前，一定先要看清楚自己到底是在一个什么样的市场，市场容量、成长率、利润率能不能允许你在品牌建设中做比较大的投入，什么样的投入是合适的。在这个产品市场中，你希望达到什么目标，怎么与市场领导者做有效的竞争，等等。

3. 借助营销平台，做好品牌宣传

面对日益激烈的竞争，各企业都在品牌形象上花大力气，因为企业做好品牌宣传是重要又便捷的一步。那么企业管理者应如何为企业做好宣传，打造品牌呢？

第一，借助概念，先发制胜。

当企业不具备产品质量、价格及服务的优势，不能树立产品所在行业的名牌形象的时候，完全可以利用别出心裁的概念炒作，先发制胜。比如“七喜”饮料，既不是以质量取胜，也不是以服务和价格取胜，而是以“非可乐”的概念取胜。先是提出概念，之后进行深度炒作，解释其与众不同之处，将其打造成更科学、更彻底、更健康、更

先进的产品，这样便轻而易举地占领了市场。

第二，借助热点，扩大影响。

在当下的经济时代，热点成为了消费者、商家和媒体关注的焦点。因此，企业可以搭上“热点”这趟列车，做好宣传，这就会具有巨大的新闻价值和社会关注度，从而为企业树立起形象，打造出卓越的品牌，还能创造巨大的价值。例如，蒙牛借“神五”的飞天，为航天员“默默奉献”做好的牛奶，蒙牛迅速在全国发广告：“为中国喝彩”、“航天员专用牛奶”，大力炒作“健康是强国之路”的品牌主张，使蒙牛名声大振，不但赚足了眼球，而且从此液态奶销路一路领先，最终实现了企业的腾飞。

第三，借助名人，树立形象。

借名人的名气来打造品牌是一种很有效的经营方法。人们往往有一种慕名心理，认为明星们做广告的东西就好，在相同的情况下就会购买有名人代言的产品。此外，还可以利用名人在商品上签名，如布娃娃在美国原售价每个 20 美元，而“椰菜娃娃”原设计者亲手签名的布娃娃售价竟高达每个 300 美元，这种“椰菜娃娃”在美国曾一度供不应求。

但是，借助名人这种方法应当注意所提到的名人，必须是大众公认的。而他确实与产品有关，只有这样才能真正起到引起注意和关注的效果。如果这种方法使用不当，如果你所提到的名人是过时的或者与你所经营的产品的关系很牵强附会的话，只能引起顾客的反感和否认，从而带来负面影响。

此外，企业经营者还一定要认识到：品牌是一种具有文化内涵的概念，需要长期塑造，不可一蹴而就。因而品牌和形象的塑造需要从细节做起，日积月累，坚持不懈。只有这样，品牌才能在消费者心目中树立起牢固的形象。任何有损品牌和形象的事情，企业都不应该做。正道取财，诚信经营，质量上乘和优质服务，才是经营者在激烈的市场竞争中立于不败之地的重要因素。这些也是企业品牌和形象的重要构成部分。企业经商者无论在什么情况下都不能抛弃商业道德．去贪图一己之私利。企业与公众之间，决不能运用诡诈之术，弄虚作假。否则，不仅自己在商场不能立足，还会遭到世人的唾骂。只有真诚地做生意，树立好的品牌和形象，才会使自己的声誉日隆，财源广进。

4. 利用各种资源，加快开发速度

第一，利用信息网络。现在是信息时代，品牌一经开发，就要以最快的速度上网。这样不仅可以迅速进入新产品推进的导入期，推广营销、拓展市场，还可大量节约必要的广告宣传投入，这种投入是开发任何一个新产品所必需的，而且是巨大的。因为上了网，这一投入节约了，而市场却开发出来了，而且是以最快的速度开发的。不仅如此，新产品信息上网，还能以最广阔的视野寻求到贸易伙伴。如果上了全球信息网络，那这个视野就是全球性的。寻求到的贸易伙伴越多，组合营销的程度就越深，收效当然也就越大。而且，随着信息网的普及，网上购物将成为销售的最佳渠道，而这又成为组合营销最直接的组成部分。所以，实施品牌战略，不可不运用信息网。

第二，运用资本经营。当前企业在实施和推进品牌战略中普遍遇到开发资金不足的问题，但我们不能以此为理由等待，更不能因此而放弃开发。一个发展现代商业国际通行的做法是运作资本经营（包括兼并，收购、转让、特许经营、有偿使用等方式），嫁接和引进国际国内现成的品牌。但是，到底是运用资本经营去收购、兼并别人的品牌，还是将自己的品牌运用资本经营转让、有偿使用，特许经营出去，这要由企业的具体情况来确定。这里强调的是，要有资本经营的理念，懂得买一个好的有市场的商品品牌，就等于买到了一个好的市场。

第三，利用政策扶持。企业实施和推进品牌战略，除了企业的内部环境之外，还要有一个优良的外部环境。争取到政府的政策扶持，这是必不可少的。首先企业要将开发的品牌向政府有关部门备案，争取到政府有关部门在人、财、物等开发基本资源上的优化配置。当然这种政府行为的优化配置在目前条件下，主要是请政府有关部门进行牵线搭桥，从而打下品牌开发的资源基础。其次，通过政府有关部门的协调，打破目前尚存在的地方保守、垄断、割据等“围墙”，争取到一个好的市场环境。另外，还要依靠政府的支持，营造一个知识产权的法律保护环境。因为品牌开发，就是一个实实在在的知识产权，离开了法律的保护，不是夭折，就是流失。

总之，21 世纪，现代企业战略的重点在于最大限度地创造强势品牌，从而保证企业投资获得长期的根本性的利益。可喜的是，越来越多的企业经营者都把品牌发展看成是企业开拓市场的优先战略了，并把它作为一种开拓市场的手段，去占领市场。而且，由于品牌的综合带动作用十分巨大，往往一个品牌创立后，会逐渐形成一个系列，并带动相关配套产业的发展。所以，有人说，“品牌是企业进入市场、占领市场的武器”。

人脉资源：经营人脉就是经营财脉

经营企业就得经营关系，经营人脉就是经营财脉。广结善缘、互相合作、和气生财，会让你在激烈的市场竞争中收放自如，这就是所谓再坏的时机也有人赚钱；再好的时机也有人破产；再坏的事业也有人成功；再好的事业也有人失败的道理。一个企业经营者如果不能在最短时间之内建立最广泛最稳固的人际圈，那他的事业一定会非常艰难，即使其初期能够依靠领先技术或者自身素质，比如吃苦耐劳或精打细算，或者雄厚的资金，获得某种程度上的成功，但也可以断言，他的事业肯定做不大。因此，作为企业经营者，应当确立这样一个信念：在你所涉及的所有领域，都建立你的人脉关系。

人脉，就是所谓的人际关系，通常我们认为人际关系是除亲属关系以外的人与人交往关系的总称，也被称为“人际交往”。作为企业经营者，你的人脉可以是正式的，也可以是非正式的。也就是说，你可以在工作当中，与你的顾客、同事建立一种亲密的合作关系；也可以建立一个“铁哥们系统”，一个互相帮助的人脉，彼此留意对双方有帮助的事情。

不过，不管是哪种人脉资源的建立，都需要你在社会生活中了解、遵循和掌握以下原则。

1. 互惠互利

人与人之间的交往，即使动机各不相同，但最基本的动机不变，那就是为了从交往对象那里满足自己的某些需求。这一点体现在商界，表现为需求平衡、利益均等。

实际上，人际交往中的互惠互利也是合乎我们社会的道德规范的。这里所说的互惠互利，其实就是互助，但不是交易，是一种“只有助人，才有人助”的生活哲理，是“施恩不图报”与“好心得好报”的辩证统一。花旗银行副总裁程耀辉就一直秉持这个信念，不管与之交往的职位高低，他总是尽量帮助别人，所以大家总是知道：“有事找Roman就对了。”愿意帮助别人，别人才会信服你，你才能在无形中积累起人脉资源。

当然，互惠互利除了包括物质方面的，也包括精神方面的。由于受传统观念的影响，过去人们交往中更愿意谈人情，而忌讳谈功利。事实上，人与人之间的交往需求是多层次的，粗略地可以分为两个基本层次：一个层次是以情感定向的人际交往，比如亲情、友情、爱情；另一个层次是以功利定向的人际交往，也就是为实现某种功利目的而交往。现实中人们时常会自觉或是不自觉地将这两种情况交织在一起。有时候既是功利目的交往，也会使人彼此产生感情的沟通和反应；有时候虽然是情感领域的交往，也会带来彼此物质利益上的互相帮助和支持。所以，按照互惠互利的交往原则，人们实际上采取的策略是：既要感情，也要功利，这是建立人脉的一个必要条件。

2. 礼让相容

若想在困难时得到援助，就应在平时宽以待人。礼让相容原则是指人际交往中，人与人之间的融洽关系，与人相处时的容纳、包涵、宽容及忍让。

这个原则很好理解：因为我们每个人都难免会偶有过失，每个人都有需要别人原谅的时候。不过真正做起来又是很难的：因为每个人看待自己的过错，往往不如看他人的那样严重，即使有时不得不承认是自己的过错，也总觉得是可以宽恕的，因此，我们总是能够容忍自己。却常把注意力集中在他人的过错上，并且会百般挑剔地去发现他人的不对。因此，对于他人的过错当然不能原谅。例如：假如我们发现了他人说谎，我们将会严厉地谴责对方的不诚实，狠批其错误根源。可是谁也不敢保证自己从没说过一次谎。

然而，属下多达几百、上千乃至上万之众的企业老总们，最难做到的恰恰就是这点。对于一些企业领导者而言，身处高位，趾高气扬、指手划脚仿佛成了他们的一种职业习惯。在企业内部往往表现为对下属吹毛求疵，而在外，他们一旦陷身于争斗的漩涡，便不由自主地焦躁起来，有时为了自己的利益，甚至是为了面子，也要强词夺理，一争高下。一旦自己得了“理”，便决不饶人，非逼得对方鸣金收兵或自认倒霉不可。然而这次“得理不饶人”虽然让你吹着胜利的号角，但也成了下次争斗的前奏。因为这对“战败”的对方也是一种面子和利益：他当然要伺机“讨”还。

其实，在与他人交往中，常常会因为对信息的意义理解不同，个性、脾气、爱好、要求的不统一，价值观念的差异就会产生矛盾或冲突，在这种时候，我们为什么就不能包容一下呢？推己及人的体谅一下他人，遇事多为别人着想，即使别人犯了错误，或冒犯了自己，也不要斤斤计较，以免因小失大，伤害相互之间的感情。只要干事业，做出些让步是值得的。记得一位哲人说过这样一句话：“航行中有一条公认的规则，操纵灵敏的船应该给不太灵敏的船让道。我认为，这在人与人的关系中也是应遵循的一条规律。”其实，有些时候给他人让出了台阶，也是为自己攒下了人情，留下一条后路。当别人理短时你大度地宽容他人，他人才会在自己理短时容让你，以此建立相互宽容的人脉关系网。

另外，这里的相容除了容人之短，还包括容人之长。在企业中，如果说容人之短不容易做到，容人之长则可能更难。原因很简单，容人之短多少有一种居高临下的成就感，而容人之长则意味着需仰视才得见真面目的窒息感。对于一些企业领导者而言，企业之外的天地他们无能为力，但在自己的“一亩三分地”之内，绝对容不得比自己还强的人。但老总如果缺乏容人之长的胸襟，企业也就必然遭遇发展的瓶颈。

总之，做一个能理解、容纳他人优点和缺点的人，才会受到他人的欢迎，在顺利的时候共同奋斗，在困难的时候患难与共，进而为自己增加成功的能量，创造更多的成功机会。相反，那些只知道对人吹毛求疵，又没完没了地批评说教的人，人们对他只有敬而远之，在成功的道路上，自己人为地增加了阻力。

3. 诚实守信

人际关系中，一个很重要的前提就是彼此之间一定要讲“诚信”，这样就会给对方一种感觉，“你这个人比较可靠”。对方才愿意和你交往。摩根大通集团台湾区负责人郭明鉴就很重视这一点，有一次在接受记者访问过程中，当被问到“专业与人际关系到底哪一个比较重要”时，他沉思了许久回答：“没有专业，你的人际关系都是空的。但是，在专业里，有一条是最难的，就是信任，而这也是人际关系的基石。”

在企业内部中，上下级之间的信任关系，体现为“心理契约”。即在领导阶层中，管理者与下属在互动过程中，会发生一种类化，即相互间彼此接近、趋同，由于这种接近、趋同和了解，建立起情绪上和心理上的联系，形成一种不言而喻的心理上的默契。心理默契既是上级与下级交往中互相配合的融会点，又是防止上下级之间产生抵制、冲突的底线。它与商业交易中的契约相比，有一个不同点：交易契约是明文规定的，而心理契约却是无形的。虽然无形，它的作用却非常明显。它是一种稳定器和平衡器，能维护和保持一个组织或单位的平衡。因为心理契约是在一个较长的时间中形成的，是建立在相互了解基础之上的，是“不约而同”，因而它能简化人际关系，避免某些不良的、能腐蚀组织机体的道德心理，如怀疑、不满、猜忌等。另外，心理契约能使上下级之间都产生一种归属感，共同把单位或集体看成“我们的”，有利于整体的团结，从而增强凝聚力。

如果管理层的言行不和谐一致，轻则引起员工的困惑，重则会失去员工的信任，破坏彼此之间的“心理契约”，管理者在被管理者心目中的形象也会大打折扣。因此，管理者应当珍视下属对上司的这份寄托，更应当珍视下属对上司的这份信任，不要破坏下属对你的心理预期，这样才能使下属为企业奉献出他的忠诚与智慧。

在企业外部，只有在客户心中建立起诚信经营的理念，才有助企业信誉提升，客户猛增。残酷的市场竞争到了今天，不管是企业还是个人，竞争归根到底就是诚信的竞争。任何企业及个人必须长久坚持诚信经营，秉承合理的商业原则，只有这样，信誉才能越来越好，客户才能越来越多，企业才能越做越大。

4. 良好沟通

沟通是人际关系中最重要的一部分，它是人与人之间传递情感、态度、事实、信念和想法的过程，所以良好的沟通指的就是一种双向的沟通过程，不是一个人在发表演说、对牛弹琴，或者是让对方唱独角戏，而是用心地去听听对方在说什么，去了解对方在想什么，对方有什么感受，并且把自己的想法回馈给对方。沟通过程中可能因沟通者本身的特质或沟通的方式而造成曲解，因此传送信息者与接收者间必须凭借不断的回馈，去澄清双方接收及了解到的是否一致。

例如，企业经营者在建立及巩固客户资源时，就需要时常保持联系，保持良好的沟通。与客户从第一次接触开始，就要不断去积累客户的资料，要照顾客户，关心客户，而不只是敷衍了事。比如，客户的兴趣是钓鱼，那么你一开始就可说：哎，王总，最近去钓鱼了没？客户会想：哦！你还记得我喜欢钓鱼。你还可以照顾客户的生意，不仅仅帮他介绍客户，还可以帮他收集与其行业相关的资料或信息，用E-mail或传真给他，让客户感到你不是只赚他的钱。甚至，你可以邀请客户来参加你的私人聚会，来不来是一回事，重要的是你邀请了。还可以提供一些有价值的信息，或者提醒对方没有注意到的问题，或者主动帮助他解决问题。总之，留意所有的小细节，保持持续不断的良好沟通，就一定可以增加自己在客户心中的位置。

上述这些人际交往的基本原则，是处理人际关系不可分割的几个方面。运用和掌握这些原则，是处理好人际关系的基本条件。

另外，要想建立好的人际关系，也不要忽视人格魅力的重要性。现代社会一个人能受到别人的欢迎、容纳，他实际上就具备了一定的人格。即使偶尔相识，只有一面之交，也能引起我们的注意，使我们喜悦。正如一位商店经理曾经说："有些人生来就有与人交往的天性，他们无论对人对己，处世待人，举手投足与言谈行为都很自然得体，毫不费力便能获得他人的注意和喜爱。可有些人没有这种天赋，他们必须加以努力，才能获得他人的好感。但不论是天生的还是努力的，结果无非是博得他人的善意，而那获得善意的种种途径和方法，便是

‘人格’的发展。”这种人格，或许是一种友好的目光，或许是亲切的微笑，或许是优雅的举止言谈。如果把这些“人格”凑在一起，我们便得到一个印象，一个结论：他们很讨别人的喜欢，使别人对他们产生兴趣。在不知不觉之中，便和他们接近，成为朋友。

总而言之，要想做成大事，必定要有做成大事的人脉网络和人脉支持系统。如果忽视人脉关系的重要性，甚至把各种“关系”置之度外而只注重自身的“完美”，就可能为领导工作和事业发展带来巨大障碍。作为企业领导者，你不能以任何理由去厌烦和拒绝“关系”。因为你的职责就是在上下左右之间建立关系、协调关系，包括化被动为主动、化矛盾为和解、化失败为成功。一句话，领导必须在关系学上成为一名游刃有余的高手。

危机决策：降低危机带来的威胁和损失

没有任何一家公司能完全避免危机事件的发生，管理大师彼得·德鲁克在其所著的《21 世纪的管理挑战》一书中指出，据统计，美国有85%的企业，在危机发生一年后就倒闭或从市场消失。学者罗伯特·希斯指出，危机具有突发性，会威胁到组织的目标，决策者必须在短时间内做出正确的处理决定。因此，如何对待危机，如何有效进行危机管理，是企业经营者必须面对的问题。

其实，要想降低危机带来的威胁和损失，最佳的防御措施就是随时做好准备。这样，一旦出现问题，企业就可以集中力量控制局面，并且信心十足地通过内部和外部的沟通有条理地化解危机。下面是企业在经营中经常会遇到的几种危机及其处理方法，企业的危机决策者不妨参考。

1. 投诉危机

在今天的竞争环境中，没有哪个企业不注意顾客口碑的巨大影响，也没有哪个企业敢忽视服务对于市场销售的促进作用。然而，企业的努力并不能100%的满足客户对产品、对服务的要求。而客户的抱怨和投诉如果不能得到重视和有效处理，客户可能会对外抱怨甚至产生过激行为，进而吸引媒体参与曝光，引发公共关系危机。而且，在网络大行其道的今天，这个过程变得更加快速，如客户在微博上抱怨，很可能就会产生大量转发，并吸引有相同抱怨的客户迅速集结，在网络上形成有影响力的声音，加速危机的形成。那么我们要如何化解客户投诉危机，才能既安抚客户情绪，又能维护企业的良好形象呢?

一般来讲，企业处理客户投诉有两大要点：一是确立原则，二是强化技术。

(1) 原则层面

态度第一原则：用什么样的态度看待投诉是关键。企业应该以积极的心态应对投诉，企业应该在内部建立起“欢迎投诉”的文化，当一个企业以这样的姿态面对投诉时，不但可以很好地解决问题，还能从投诉中培养忠实客户，发现更多机会。而也只有这样，你才能在面对前来投诉的客户时，保持真诚的微笑、彬彬有礼的态度、热情贴心的问候，不仅能给客户留下一个良好的印象，也能拉近你与客户之间的距离，让他们生气而来，满意而归。

真诚相待原则：你真诚地对待客户，客户也会以诚相待。客户在投诉时，必然是有满肚子的牢骚和委屈，因此说话往往比较偏激。如果你在接待投诉时，态度不好，甚至说一些不得体的话，这无异于火上浇油。所以，此时你一定要体谅他们的心情，多说一些他们想听的话，关心同情他们的“遭遇”，尽量耐心倾听他们的投诉，让客户充分发泄心中的怨气。即使是对于不合理的投诉，你也要耐心倾听，从维护公司利益的角度尽量给予解释说明，做到有礼、有节、有度，这样才可能使矛盾趋于缓和，及至冰消雪化。

及时处理原则：一项调查显示，投诉后得到解决但不是迅速得到解决，会有54%的客户继续购买你的商品，有46%的客户不会再回来；投诉后迅速得到解决，会有82%的客户继续购买你的商品，只有18%的客户不会再回来。因此，不管是什么情况导致客户投诉，我们都要立即去解决。如果因故不能立刻解决，都应给客户一个及时而确切的答复。说话一定要算话，不能“踢皮球”或无故拖延，否则只能使客户怨气更大，从而引起不必要的纠纷，形成恶性循环，而影响到公司的声誉。如果他们所反映的问题能及时得以解决，既可扩大你的企业的影响力，又可提高你的企业的声誉。这样做也一定会给你带来丰厚的回报。

透明公开原则：纸包不住火，在处理投诉时，最好实行透明化，提供准确的信息。越是隐瞒真相，等真相暴露出来后，造成的破坏力会更大。此外，最好不要在不清晰或不够清晰的问题上跟顾客发生争端，否则会造成难以预料的负面影响。

(2) 技术层面

确立了处理投诉的原则后，企业还要在技术层面，把握以下几个要点：

一是建立投诉预警系统。自己主动发现问题，胜于被动地等顾客反映问题。首先，客户的投诉往往涉及企业的各个部门和环节，因此企业应该建立一个系统的充分授权的投诉应对机制，将各部门负责人编入其中。其次，要有接待顾客投诉的专用场地和专用通信设施。再次，建立一个高度灵敏的信息监测系统，及时收集相关信息并加以分析、研究和处理，找出薄弱环节，及时采取必要措施予以纠正，以便消除潜在的危机。

二是控制事态稳定。首先，顾客投诉时，不要急于推卸责任，先耐心倾听，详细记录。此举不但有利于弄清全部情况，还有利于平复顾客的愤怒情绪。其次，向顾客表达感激和歉意。从顾客投诉起，至圆满解决为止，整个过程中不要吝于说“谢谢”和“对不起”。

三是了解问题所在。弄清发生责任事故的真实原因。这一工作可以视难易程度，放在解决问题之前，也可放在解决问题之后。发生投诉时，你也许希望等到查明真相后再处理，但这样可能被顾客理解为拖延和推卸责任。而真相有时不容易查清，如果让问题悬而不决，造成的舆论影响将难以想象。所以，发生顾客投诉时，一定要评估拖延的风险，进行理智的选择。

四是提出解决方案，并让客户参与解决方案。首先，企业在了解情况后，要理智地评估自己一方是否有责任，以及责任的比重。有不清楚的地方，要向顾客或相关人员咨询。其次，顾客和上级领导可能不同意自己的解决方案，需要耐心说服。最后，还要承诺执行，并健全企业内部的回访机制，跟踪服务留住客户。

五是总结改进。首先，将投诉前后的有关情况记录存档，作为日后工作决策和处理问题的参考。这是第一手资讯，对企业经营很有价值。其次，要改进作业流程。问题的发生，往往跟公司管理中的某项漏洞有关，应该及时弥补漏洞，以免同样的事情再次发生。

总而言之，投诉处理工作是企业与客户沟通的桥梁，是了解客户需求和认知，倾听客户意见和建议，为企业生产、经营、服务决策提供依据的重要渠道。只要常怀感恩之心，端正态度，摆正位置，亲近客户，认真负责，我们就可以做好客户的投诉工作，让企业朝着更健康的方向发展。

2. 价格危机

价格战，虽然并不是市场惟一的竞争手段，却是中国企业最频繁使用的搏杀利器，这三个字使许多企业谈虎色变。面对同行业竞争对手的降价行动，特别是在同行业中实力排在前列的企业所发起的这种降价“号召”，如果企业不去重视的话，那结果可能就会是灾难性的。那么企业该如何应对这种降价危机呢？

（1）做好战前准备

从某种程度上说，价格战避无可避。首先是中国目前各行业，还没有出现那种独孤求败式的、一览众山小的大品牌。其次是消费者也还处在一个非常注重实惠的年代，价格战对消费者来说，存在着足够的诱惑，也有着足够存在的理由。所以，国内品牌目前根本还杜绝不了价格战，价格战是躲不过去的，避免不了的。既然如此，企业就要在平时注意练好内功，培养出随时具备应对价格战的能力，而且，要建立起信息的快速反馈及处理机制。一旦某个竞争对手发动了价格战的引擎，兵来将挡，水来土淹，你就得及时制定策略迎头上去。不要因为心痛自己的利润空间而迟迟不敢决断，不要等到被对手啃去了一大片市场的时候才醒悟过来，那时候付出的代价可能就更大了。未来的市场竞争中，只有具备足够成本优势及快速市场反应能力的企业，才能在价格战中坚强地屹立，请准备好你的子弹，积蓄好你的能量，随时准备投入到价格战中去吧！

（2）做好战前分析

一般来说，竞争对手在实施价格调整策略之前，都要经过长时间的深思得失，仔细权衡，但一旦调价成为现实，则这个过程相当迅速，并且在调价之前大多要采取保密措施以保证发动价格竞争的突然性。在这种情况下，企业贸然跟进或无动于衷都是不对的，正确的做法是尽快迅速地对以下问题进行调查分析：

首先，分析价格战是由谁发起，其目的是什么。一般来讲价格战都是由行业的领导者和行业的挑战者发起的。他们所发起的价格战往往会给其他的企业带来致命的打击。如果企业对他们所发起的价格战不去重视的话，那结果可能就会是灾难性的。但是如果价格战只是针对个别区域发起的话，那么企业就要冷静，不要盲目地卷入价格战。

其次，分析价格战发生的背景。一般来讲，价格战多发生在行业竞争无序，处于行业整合期的行业。这个时候往往企业众多，而行业平均利润比较高。行业领导者为了取得更大的市场，就容易使用价格战来清理门户；行业挑战者为了超越行业领导者，一般也会在领导者出现危机时，利用价格战这一武器。同时价格战也容易出现在企业无法忍受庞大的库存和产能压力的时候，这种价格战最容易发生在汽车和家电行业等。

再次，对价格战所能给企业造成的危害进行评估。从市场占有率、销售量、利润、声誉等方面分析其对本企业有何影响。

另外，价格战爆发时，要分析卷入的企业数量是所有产品还是部分产品。再者看价格战是全面爆发还是部分区域爆发，是长期还是短期。而且，还要看同行业的其他企业对竞争者调价行动有何反应。

企业只有经过以上分析，然后再根据企业实际，才可能做出正确的决策。

（3）制定反应方案

对付价格战其实有很多方法，企业要根据实际情况，整合自身的资源，制定反应方案。企业要是决定能够而且应该采取有效的行动，那么它可能会采取以下四种反应中的任何一种。

①你降我也降。这其实是一种消极应战方案。在市场对价格敏感的情况下，企业不减价会失去太多的市场份额。这种策略常常被市场跟随者所采用，特别是在本行业领头企业发起价格战时。另外，当新企业进入市场采用大幅降价策略来获取广告效应时，原有的企业为了抵挡其广告效应，常常也会采用相应幅度的降价策略，以防止顾客被全部吸引到新企业，避免与新企业形成鲜明的对比（虽然这种对比是暂时的）。

此外，在这种降价方案中，还有一种比较有效的方式，那就是特价销售策略。例如，商家可以运用主题性特价销售的手段，将每一次的特价销售，都冠以与生活息息相关的主题内容，赋予文化内涵以及消费者方面的主观情感因素，努力营造一种销售氛围，使特价销售活动能够成为促进顾客参与的一种营销活动，使消费者感觉到这种特价是一种非常有意义的活动形式。

不管怎样，企业在采取这种反应方案时，一定要注意千万不能因为价格战而降低产品质量和服务质量。有的企业为了降低成本，在价格战中逐渐把产品的质量或者服务质量降低，这样就真成了一种自杀行为了。因为价格战最终的受惠者是消费者，消费者在获得价格实惠的时候，如果发现产品带来的实际价值在降低，无疑会让他们对品牌产生质疑，从而真正造成对品牌的伤害。所以，千万不要因为价格战的原因而降低你的产品质量以及服务质量。

②你降我不动。这里的不动，并不是消极等待，而是指当发生价格战时，企业对其产品不直接降价，但是通过增加服务或赠送礼品等方式，使顾客获得更多的实惠。这种策略特别适合于品牌产品。品牌产品常常和高价优质相联系，企业为了维护其品牌形象，不能对其产品降价过多，如果价格战损害了其市场份额，企业只有通过这种附加价值的方式来进行竞争，这样既维护了产品的品牌声誉，又获得了价格战的效果，可以说两全其美。

③你降我反涨。企业可以改善质量和提高价格，对企业品牌进行高价格定位。较高的质量可以用来证明较高的价格，较高的价格反过来能使企业保持较高的利润。或者企业可以维持现有产品的价格，同时引进一种价格定位较高的新品牌。

④你降我转战。当价格战的成本太高，企业和各方面实力不具备时，企业可以考虑以退为进的方法，即毫不犹豫地放弃原有市场占有率，转战新市场，将企业人力和资金全部投放在其他创新产品上。这往往会使你在原有销售市场上的损失，转而很快从其他创新产品上得到丰厚补偿。例如，20 世纪 90 年代初，韩国家电企业进入高增长时期，企业间曾出现过价格过度竞争，时称“出血竞争”。为争夺市场，韩国企业拼命降低利润，甚至用低于成本价销售。后来，精明的企业看到，“价格战”只能红火一时而绝不能辉煌一世，纷纷另辟蹊径。三星公司首先转向创立名牌，开发平面和直角大屏幕电视机，扩大售后服务以及开拓国际市场的多管齐下策略，摆脱了“价格战”的困扰，保持了品牌定位，实现了企业发展的新跨越。

另外，除了转战新产品，企业还可以转战新市场。即企业按照顾客的不同对市场进行细分，如果价格战只是集中于其中某一个细分市场，那么企业就可以适当地避开该细分市场，而集中精力做好其他市场。

这种你降价我转战的策略既可以回避价格战、又是一种积极进取的策略。因此，这种策略应该是企业发展的方向所在，适用于绝大多数行业和企业。

此外，企业还可以积极地拿起法律武器保护自己。有时，行业内的某个企业规模大到一定程度时，其他企业就无法与其进行竞争。这时如果该企业发起价格战，其他企业就会有倒闭的危险，在这种情况下，企业就应该借助法律的力量。因为垄断损害竞争，所以现在国家一般都制定了《反垄断法》。另外，当价格战发生时，有些企业采用劣质产品，而消费者短时间内不一定能分辨得出，就会对正规产品造成极大的冲击，这时企业就应该积极行动起来，协助政府对市场进行整顿。

总而言之，价格战也是对公司整个运营体系的巨大考验，这就要求企业把市场信息收集能力、反馈能力及处理能力等都要提上管理日程。

3. 积压危机

积压危机，是制造企业经常会遇到的问题。通常公司越做越大，仓库也就越建越大，销售额翻了几番，账面上的流动资金却没见增长多少，几年辛苦的积累，都跑到仓库去了，这是公司最普遍的现象。

现在，很多公司都不同程度地受库存所累，积压危机让他们在竞争日益激烈的市场大潮中大大受挫。那么，在经历打击和竞争的时候，企业管理者应该做好哪些应对措施呢？

（1）未雨绸缪

我们必须记住一个词语：未雨绸缪。即在危机到来之前解决危机是最合适不过的。

首先，你必须具备“随时转向”的意识。要知道，任何市场都不可能长盛不衰。一个成功的企业经营者，应当随时准备转向。虽然这个过程显得有些困难，但是我们必须明白：如果不转向，就只有死路一条。与其在原来的市场苦苦挣扎，不如在新的市场里大展拳脚。其实，很多企业吃亏就吃在这一点上，舍不得放弃原来的市场，总认为借着原有优势，大量投入，大批进货，就能获利。等到市场突然崩溃，库存堆积如山的时候，他们就会后悔：原想趁势多赚一点，到头来，还得把过去赚的利润搭进去。可见，生意能做十分，实际做到七八分即可，切不可做满。

其次，你要看准"转向"风向标。有了"转向"的意识，接下来就是看准"转向"的时机了，即搞清楚什么时候转向是最好的，转向时间的选择，应依据市场的行情。一般情况下，如果价格竞争十分激烈，平均利润明显下降，市场需求明显饱和，大家都感到生意一年比一年难做，就意味着市场已经疲软，应当考虑转向了。如果此时又出现了新的更好的替代产品，那么转向问题就更是迫在眉睫了。当然，是否转向，什么时候转向，对不同实力的商家，情况也是很不一样的。如果经营实力和竞争实力十分雄厚，在市场上本来就能左右局势，那么比较正确的策略是，趁竞争对手徘徊犹豫之际，展开强有力的竞争攻势，促使竞争对手痛下转向的决心，迫其离开市场，乘机夺取他们原来的客户。这样，尚可在原来的市场上支持一段时间，以收取剩余"果实"。情况较好，竞争对手离开后，市场还会出现较大的反弹，以回报坚守"阵地"的商家。但既然市场衰败已成定局，那么，你仍然得考虑适时地撤退。

再次，你还可以考虑"局部"转向。如果商家的经营实力和竞争实力都是中等水平，从来也没有做过市场领导者，但凭实力又不致被首先挤走，则可运用这样的策略：放弃已经明显萎缩的品种，保持尚有一定市场的品种，缩短战线，集中精力经营少数几个品种，以形成拳头产品。这样，还可维持一段时间，同时，将部分资金转向新的市场，以形成过渡态势。如果市场继续恶化，则迅速撤出全部经营资源，完全离开老市场，进入新市场。

（2）库存控制

从运作方式来看，库存的控制管理方法主要有两种：推动式和拉动式。

推动式库存管理，是基于每个仓库的预测需求将剩余产能分配给每个仓库。在这种体系下，生产计划是根据对需求的预测和物料的可得性来安排的。一旦计划形成后，每个工序就会按照既定的生产程序来进行。但推动式体系也存在一定的不足，它要必须预计到客户的需求和估测交货的时间。错误的估测（预测和估计）会导致大批量存货的积压，同时交货时间越长，发生误差的概率也越大。由于要避免各种不确定因素的影响，又要必须保持相当水平的安全库存，且还要考虑各种参数，如生产周期、合格率等，这就使得计算出来的存货量通常会比实际需要大很多，从而导致产生多余的库存。而过高的安全库存就需要占用大量流动资金，并且会掩饰很多管理中的问题，使问题积累，得不到及时解决。

拉动式库存管理，是基于每个仓库的特定需求以一定的订货批量补足库存。与推动式方法相比，拉动式方法的基本思想可概括为“在需要的时候，按需要的量生产所需的产品”，也就是根据客户的实际需要来安排生产，追求一种无库存，或库存达到最小的生产系统。

（3）处理库存

任何一个市场在生命的末期，必定会留下一大堆积压货物，不是这个企业积压，就是那个企业积压。这些企业要减轻最终的积压，就应当“快、狠、准”地处理库存，使资金回笼。要知道，回收来的资金才是利润的源泉。不过，在生产严重过剩的今天，到处打折呼声一片，处理库存往往是一相情愿，那么，如何才能使库存逐渐减少呢？

目前公司处理库存主要的方法有：

一是特卖处理。许多企业都会在一些人流量大、低价产品购买力强的地区，或者竞争品牌强势而本品牌又难以打开局面的地区，设立特价产品销售中心，或者在低价商品购买力强的商圈开设特卖店，常年集中处理滞销或积压库存。此外，企业还可以要求各销售终端设立断码产品销售专柜，或添置花车，利用平时将滞销品分散销售出去。很多品牌的特卖销售额甚至已经超过正价产品的销售额。毕竟中国百姓的钱包还不是那么鼓，所以特价的品牌产品市场还是蛮大的。一些消费者也已经形成这种消费习惯，非打折不买。

另外，企业还可以把一些相对滞销的产品从批发市场流通出去，这也算是一种“特卖”经营策略。不过，与此同时还需要企业在专卖系统继续维持比较稳定的价格，以此树立品牌的整体形象。

二是作为促销赠品发放给客户经销商。这一方法主要可以刺激经销商多进货，作为渠道奖励的一种比较有效的手段。但如果管理不当，容易造成经销商把特价品随意抛售，从而影响品牌形象，而且，过多特价品的存在，又必然会影响经销商正价品的销售。因此，公司在采取这一促销手段时，应结合具体情况适度进行。

三是“改头换面”。这不失为处理库存的一种比较好的方法，可以有效减少特价处理对本品牌形象的伤害。这里有一个很好的例子。日本的东芝电气公司1952年前后曾一度积压了大量的电扇，为了打开销路，该公司费尽心机地想了不少办法，依然进展不大。有一天，一个小职员向当时的董事长石坂提出了改变电扇颜色的想法。要知道，在当时，全世界的电扇都是黑色的，东芝公司生产的电扇自然也不例外。这一建议立刻引起了石坂董事长的重视。经过研究，公司采纳了这个建议。第二年夏天，东芝公司推出了一批浅蓝色电扇，大受顾客欢迎，市场上还掀起了一阵抢购热潮，几个月之内就卖出几十万台。不过，这种方法也会带来很多管理上的难度，而且毕竟库存品是滞销品，“改头换面”能不能销售出去也是个未知数。

此外，还可以将库存外销不发达国家。但这种方式往往要求公司有较大的销售能量，有好的外销经验和能人，或者与外贸公司有良好的合作关系。由于目前我国很多公司是不具备外销能力的，所以，这种方法也只能被少数大型企业采用。

总之，市场容量有限，如果产品卖不出去，库存积压太多，对于任何企业来说，都会有损失。所以，只要可以减少库存的办法都可以用一用。

4. 财务危机

财务危机，是企业全局性、根本性的危机，主要是指企业由于营销、决策或不可抗拒等因素的影响，而使经营循环和财务循环无法正常持续进行或陷于停滞的状态。面对财务危机，企业如何进行预测、防范、控制和处理，采取何种有效措施减少危机损失，并化危机为机会，以保证企业财务安全运行，维护企业持续经营，是财务工作者当前所面临的重要问题。

（1）建立财务危机预警系统

企业的财务危机，更多的表现为一种渐进式的积累过程，因此，当出现可能危害企业财务状况的关键因素时，它往往会预先发出警告，提醒经营者早做准备或采取对策。当出现下面这些情况时，企业就要提防财务危机的发生了。

销售收入持续下跌：企业作为一个以盈利为目的的组织，其存在的目的和价值就是实现资产的不断增值。当企业出现盈利下降，甚至亏损状态时，企业生存的基础被侵噬，现金流持续流失，企业的生存就会面临严重的问题，更不用说发展和壮大了。如果不能采取行之有效的策略，抑制下滑趋势，必将带来严重的财务问题。

存货非正常积压：按照以销定产的原则，管理人员应根据企业具体情况，掌握关于存货与销售比率的一般标准，当存货库存量超出正常标准，那可能是企业财务问题的早期信号，不少情况还与非预期的销售下跌有关，必须通过增加销售或削减采购等办法来及早解决这一问题。以加快流动资产周转，减少资金占用。

现金流量减少或不足：现金流量是企业生命的血液，当企业主营业务出现下滑导致经营性现金流量减少，或不足以抵偿其到期流动性债务，而完全依靠筹资活动、投资活动产生的现金流量时，企业终将陷入财务困境。因为企业的这种现金流量的情况处于长期的持续状态时，企业履行的偿债义务将受到阻碍，最终筹资能力丧失（或者无筹资能力），企业现金又不足以维持企业持续经营，从而导致财务危机。

应收账款大量增加：这其实说的也就是企业资产使用效率的问题。在筹资、投资、运营和分配的过程中，资金使用效率是核心。以最低的成本筹集到资金，将资金发挥最大效用，以及如何将收入在分配和再投资中进行抉择，是企业需要考虑的首要问题。应收账款的大量增加不但会对企业自身的资金运转产生负面影响，而且还可能引发企业之间的相互拖欠，从而形成严重的三角债问题；倘若企业的应收账款一旦形成呆账，就会使这部分资金滞死，使企业蒙受严重的财务损失，甚至会危及企业的生存和发展。加强应收账款的管理，对于保证企业经营活动的正常进行，是十分必须和重要的。

(2) 建立健全企业内部财务管理体制。

企业在财务管理体制设计和构建时，必须认真研究企业内外经济环境，研究企业面对的政策、经营方式、内部经营基础和条件、传统习惯、职工素质等，构建出既科学又合理、符合企业经营活动和理财活动实际、运行通畅、调节灵敏的财务管理体制。这对于防范财务危机的发生有着重要的意义。

首先，健全的企业内部控制系统是保证企业资产安全、资金正常运转的前提条件。企业内部控制薄弱、管理混乱，就为违法违纪事件找到突破口，从而出现会计反映不实、费用支出失控、经济效益低下、财产物资严重损失等经济现象。这种状态积累到一定程度，最终会导致危机的发生和企业的彻底失败。

其次，加强财务管理、建立财务指标分析系统，可以预知财务危机的征兆。

加强财务管理、建立财务指标分析系统，能够帮助有效评价经营者的经营业绩，全面预测企业未来的发展前景，做出正确的决策。企业可以采用财务报表指标分析法、单变量模型分析法、多变量模型分析法、根据经验主管判断以及案例分析等方法对财务状况进行诊断，判断是否存在财务危机，以及危机的程度。各种方法都有其特点和局限性。对企业而言，在实际运用时，要考虑到国家的宏观经济形势、地域、行业等诸多因素的差异，选择适合企业特点，并能满足自身经营和财务管理需要的方法和模型，才能达到动态监测、及早防范、有效阻止及避免财务危机发生的目的，最大限度地防止财务危机的发生。

再次，合理运用财务杠杆、优化资本结构。财务杠杆是指由于固定性财务费用的存在，企业息税前利润（EBIT）的微量变化所引起的每股收益（EPS）大幅度变动的现象。也就是说由于借款利息的固定，企业盈利水平越高，扣除固定利息之后，投资者（股东）得到的回报也就越多。相反，企业盈利水平低，固定利息扣除之后，剩余给股东的回报也就少了。财务杠杆是一把双刃剑，它给股东带来额外的财富，同时运用不当也会引起财务危机的发生。通常企业发生风险是由于举债导致的，一个全部用自有资本从事经营的企业只有经营风险而没有财务风险。因此，要权衡举债经营的财务风险来确定债务比率，只有当息税前利润大于负债经营成本时，才能保证本息到期归还，实现财务杠杆收益；同时在举债经营时还要通过长期负债与营运资金比，留存收益率以及债权、股权比率情况来考虑债务清偿能力。

(3) 制定有效的财务危机化解方案

当财务危机发生时，企业应尽快查清现状，明确企业所处的经营状况与财务状况，寻找出企业经营管理中存在的根本问题，改进管理制度和技术方法，对企业进行整改，调整经营发展方向和战略，以此来提高企业的综合竞争力。下面这些财务危机的应对策略可以作为参考。

盘活债权：即采取措施，加快应收账款的回收速度，改善公司流动资产结构。下面介绍两种：一是应收账款代理。企业以应收账款的债权作为抵押向金融机构获得借款，筹集资金。金融机构按担保应收账款70%～90%的比例向企业发放贷款，并收取一定的手续费及利息。通过抵押方式融资，企业并未转让应收账款的风险，仍要承担或有负债责任，但对急需短期资金的企业来说无疑雪中送炭。二是应收账款证券化。将应收账款转化为金融市场上可以出售和流通的证券。由企业将应收账款直接出售给专门从事资产证券化的特设机构，该机构将所买的应收账款汇入其“资产池”，并根据应收账款的期限、业务来源等进行重新整合和包装，提升应收账款的信用级别，以经过信用增级后的应收账款为基础，向国内外证券市场发行资产支持证 ABS，从而使企业达到融资目的。

债转股：即国家通过组建金融资产管理公司，在依法处置原有商业银行不良资产的基础上，对部分企业的银行贷款，以金融资产管理公司作为投资主体，实行债权转为股权，从而把原来银行与企业间的债权债务关系转为金融资产管理公司持股与被持股的关系，将原有的还本付息转变为按股分红的现象。它意味着国有企业资本金增加，负债减少，企业的债务利息负担减轻，财务费用及资产负债率降低，资本结构优化，这是企业扭亏为盈的一个重要物质基础，是挽救企业财务危机的重要手段之一。一个最成功的案例是茂名石化公司 114.2 亿元债转股后，迅速扭转经营的不利局面，资产负债率从 79.2%大幅降至 38.5%，而其旗下的茂名乙烯企业更是一举扭亏为盈，实现效益 3.6 亿元。

战略转移：即企业对市场变化的趋势、进程做出正确的判断，抓住时机，果断变革，及时灵活地做好“加、减”法，适时调整战略重点和主营业务，不失时机地创造市场。例如，诺基亚公司最初是以木材、造纸、轮胎、机械、电缆起家，苏联解体和东欧剧变使得公司失去大半个市场，陷入了困境。1992 年新任总裁推出了以移动电话为中心的专业化发展新战略，将老业务压缩到最低限度，或出售，或独立出去，甚至忍痛砍掉了拥有欧洲最大电视机生产厂之一的电视机生产业务，集中 90%的资金和人力，加强移动通讯器材和多媒体技术的研究和发展，最终获得成功。

企业出售：即企业通过市场价格机制，把企业现有部分子公司、部门、生产线、固定资产等出售给其他企业，获得生产经营所需资金，以缓解财务危机。这是挽救危机企业的重要形式和措施之一。例如，国内房地产市场不景气时，一些大型房地产集团通过降价出售部分项目（楼盘或土地），获得资金为过冬积累储备的做法就很值得借鉴。

弃车保帅："弃车保帅"的实质就是顾全大局，一些公司正是利用这种做法使公司重新获得生机。例如2002年美国世通公司的总裁伯纳特·埃贝斯被迫辞职，在破产保护之后，公司又获得了发展的契机。

附录：商业骗术案例

在市场经济大潮中，骗子形形色色，骗术无处不在。很多时候，其实他们的手段并不高明，但对于求富心切、初涉商海、经验欠缺、知识甚少——把投资创业、经商致富看得比较简单的人以及时常梦想天上掉馅饼的人，足以奏效。当你清醒过来时，血汗钱已经被骗子们骗进了自己的腰包。

要想免于上当受骗的损害，除了要加强自身防骗的能力，消除非分之想，不贪意外之财，还需要提高识别骗子的水平。常言道，知己知彼，百战不殆。下面这些骗术的揭秘，可以帮助大家擦亮慧眼，保持头脑清醒，从而做出正确的判断，脚踏实地走上成功之路。

1. 网络诈骗

网络普及程度的提高也带来了网络诈骗的日趋严重。尤其是网络的开放性、不确定性、虚拟性等特点更是为诈骗者提供了便利。

王林在生意场上摸爬滚打了几十年，前段时间在一网站上开设了账户，想在网上创业。

一天，王林在网上看到一个项目，有位客商低价批发优质大豆，“身经百战”的王林并不是太着急，而是通过相关部门了解对方的情况。在确认了对方的“身份”后，才在网上汇去了30%的贷款，可他等待的大豆运货车却迟迟没出现，时间久了，他只好去实地催货。到了之后，王林发现，那家企业的确存在，不过是做建材贸易，不搞农产品，而且未开设电子商务。网上的那家公司，是诈骗者骗取了那家企业的营业执照后虚拟出来的。王林苦不堪言，汇出去的几十万元化为了泡影。

这只是五花八门的网络诈骗中的一种，创业者一定要记住，网络只是交易的一种媒介。你可以通过互联网获得商业信息，重要的是你还得进行实地考察，尤其是资金大的单子，利润大的项目风险也会高。创业者“亲自出马”是必要的，不能仅仅依靠敲敲键盘就交付定金。有条件的话，还要咨询相关部门。

现在常见的网络诈骗类型有四种：一是借助虚拟的互联网，发布虚假信息，虚构市场，受害人打完款后，收不到货物或收到劣质货物；二是设立购物网站，骗人输入银行账号和密码，然后把受害者银行卡里的钱盗走；三是利用网络群发欺诈短信，金额大都很小；四是通过聊天方式交友，骗取对方信任后骗人钱财。创业者一定要提高警惕。

2. 融资诈骗

很多创业者天真地认为，融资就是用别人钱的，怎么可能遇到骗子呢？所以，他们就没有了防范意识。

李纲投资 10 万元开办了一家企业，经过两年的努力，资产已达到 30 多万元，企业前景很不错，他还想扩大业务，只是资金有限。他四处到银行借钱，但是都没有什么结果。就在他快结束这个念头时，一家投资公司却表示“有兴趣”。这家公司自称是某大型企业旗下的子公司，人员齐备，像模像样，对李纲的项目询问得认真仔细，评价也很高，还表示“先做朋友”。

李纲很感动，所以当对方提出要考查项目的真实性，并且先预付考察费时，他表现得很爽快。可是，就在钱寄出去后不久，李纲才知道上当了——那家公司的电话变成了空号，人再也联系不上了……

这真是“道高一尺，魔高一丈”，诈骗者利用创业者急需要钱的心态，先骗取创业者的信任，让创业者觉得遇到了“救星”，最后以考察项目的名义骗取费用，收费后人就消失得无影无踪。

其实，创业者的心态是可以理解的，他们想要把公司做大做强。只是对于融资，不仅要对这类公司的背景进行详细调查，还要时刻警惕，尤其是对各种付款要求，把钱寄出去之前一定要多长个心眼。

一般来说，融资骗局大都有以下五种形式：一是考察费，骗子和企业联系业务时，以不了解企业为名，要求到企业考察，且要求预付考察费；二是项目受理费，即骗子在收到企业的相关资料后，要求企业缴纳对项目进行评估的费用；三是商业计划书费用，骗子大都要求融资企业提供商业计划书。企业大都有自己的商业计划书，但他们以各种理由不予认可，要求提供标准的计划书，并收取费用；四是评估费，在融资过程时，骗子会要求对资产进行评估，并指定专门的评估机构；五是律师费，这是骗子欺诈行为中最具隐秘性的，因为收取律师费相对容易，这律师费里很大一部分要返给骗子公司的。

3. 支票诈骗

支票诈骗作为一种新兴的犯罪方式，有逐渐上升的趋势。

贾明是在农贸市场做小本生意的。一天，“好运”降临到他的头上，一个大主顾，一次要拿6000元钱的货物。为了抓住大主顾，他无条件接受了对方提出的用支票付款的要求。谁知道，当他到银行存支票时，因为支票款额小写栏的一个数字有细小的更改痕迹，被银行拒绝。贾明再去找买主时，却一无所获。

支票诈骗事件的发生，除了很多人对票据知识缺乏了解，被骗子玩弄钻了空子外，还与被骗对象疏于防范、风险意识淡薄分不开。很多企业经营者为了在激烈的竞争中拢住客户，甘愿冒风险，允许对方用支票做抵押。

当前支票诈骗花样繁多，例如伪造、变造支票，故意用伪造、变造、作废的支票，冒充真实支票使用，骗取财物。其中最常见的手段是通过签发空头支票，利用与其预留在银行的印鉴不符的支票，骗取财物。

4. 合同诈骗

合同，对于规范日常经济行为所发挥的重要作用日渐显现。然而，一些不法分子却将合同这一最稳妥的保障，变成了最危险的骗术。

张亮经营着一家箱包厂，一天，他在联系业务的时候，接到了一个电话，对方声称自家公司需要定做1万个高档包装袋。张亮一看生意找上门，询问了一番之后就满口答应了对方。可是不巧的是，仓库里只有1万多个存货。那名客户得知后表示货量太少，就想更换厂家。张亮不愿意放弃到手的生意，他与对方谈了很久，最后签订了购销合同：自己公司全力承担制作包装袋的工作，半个月后以每个40元的价格提供给对方1万个高档包装袋。双方签订合同之后，对方按照约定先付了5000元的定金。

有了这笔定金，张亮放下心来，立即发动公司职工组织货源，可是所到之处不是没有这么多存货，就是价格不能接受，张亮十分着急。大概过了三天，有个不熟悉的小厂商找到张亮，表示愿意提供人力物力来共同完成这个任务，由于时间非常紧迫，双方只进行了口头约定。一切办好以后，张亮所在公司支付给小厂商数万元的报酬。

半个月的期限到了。张亮的公司赶忙联络那个大客户，通知其尽快提货，没想到信函因地址不详被退回，打电话过去也无人接听。张亮千里迢迢赶到了客户所在的城市，结果一打听根本没有这么个公司。原来，那家小厂长久清理不出去存货，就想出了这个法子。而张亮，不但损失了人力、物力、财力，仓库里还多了一大批浪费资金的存货，让公司上下苦不堪言。

由此可见，在商场上做生意，签订详细的合同是多么的重要，如果张亮当时在合同上多动动脑子，这家小厂也不会这么轻易地就骗过了他。

一般来说，有六种常见的合同骗术：一是凭空杜撰，即诈骗者伪造各种证明材料，凭空捏造、堆积起一个根本不存在的交易主体，或者冒名顶替其他单位、个人名义签定合同。二是指山卖磨，即诈骗者虚构出众多令人“心动”的产品、工程或者投资意向，诱骗受害人提供货物、款项或者进行担保。三是合演双簧，即诈骗者发出虚假广告，或者盗用政府机关、知名企业、部队的名义，以一方订购紧俏商品、“高科技”产品，另一方可以供货为幌子设下连环陷阱，一唱一和钓“鱼”上钩。四是拉虎皮当大旗，即诈骗者故意夸大自身实力，或者炫耀所谓背景，利用票据、土地证、房产证等各种产权文件做担保，诱骗受害人与其签定合同。五是以退为进，即诈骗者先予后取，以兑现小额合同或者履行部分合同来制造“诚信”的假象，进而骗取受害人与其签定更大数额的合同，虚晃一枪骗局得逞。六是高进低出，即诈骗者深谙差价之道，以较高的价格与受害人签定合同并支付一部分货款，要求对方迅速发货，大量货物到手后立即以十分低廉的价格迅速脱手，得款后逃之夭夭。

生意场上，没有永远的朋友。不能因为急功近利或是和对方做成了几笔生意，就对其深信不疑，因为对方很可能只是为了诱你步向深渊。永远不要轻信对方，签订合同之前一定要认真查验交易主体的真实身份与履行能力，这样才能有效地抵御商场上的骗术。

当然，企业创业及经营过程中的骗术还有很多，市场上，商机有多少，风险和陷阱就有多少！现在机会越来越多，但陷阱也越来越多了。上面列出这几种常见的商业骗术，主要目的就是提醒创业者：投资有风险，创业要谨慎。